漢字と日本人の暮らし

阿辻哲次 著

大修館書店

もくじ

現代社会の中の漢字

名前の漢字をめぐって

日本の漢字文化

漢字の特質

現代社会の中の漢字

パソコンと漢字の「ど忘れ」

機械で日本語を書く時代

キーボードから入力したかなを漢字かな交じり文に変換し、編集と印刷と文書の保存まで自由自在にできる「電子式日本語タイプライタ」が、「ワードプロセッサ」という名前ではじめて発売されたのは、一九七九年のことだった。それからいままでに三十年以上もの時間がたった。最初は数百万円もする大きな機械だったのが、技術の進歩とともに小型化し、さらに驚くべき速度で低価格・高機能化した結果、ワープロが社会のあちらこちらにあっという間に普及した。

続いて一九九〇年代末期からは、パソコンとよばれる小型コンピュータが、インターネットの流行とともにいたるところで使われるようになった。一九八〇年代から九〇年代にかけて一世を風靡していた「ワープロ専用機」がやがて生産中止となり、いまはパソコン一色の時代である。

かつて中年以上の日本人には、「キーボード・アレルギー」とでも呼ぶべき現象がよく見られた。それまで英文タイプライタを使った経験をもたない管理職の多くは、ワープロやパソコンに付属しているキーボードが扱えず、人によってはそれにさわることに恐怖を覚えることすらあった。だがやがて会議にワープロで作った資料を提出しなければならない時代になり、当初は秘書か若い部下に頼んで文書をワープロで打ってもらっていたと聞くが、それももういまは昔の話。いまでもキーボードがこわいなどといっておれば、その人自身が会社から淘汰されることになるだろう。

漢字とコンピュータ

コンピュータで文章を書く人が、いま急激に増えつつある。小学校でもパソコンの初歩を教えているし、友人間の連絡をメールでとっている小学生だって珍しくない。数年前までは、ワープロ書きの文書には心がこもっていないとか、年賀状をワープロで作るのは失礼だ、との議論が新聞などに載ったものだが、それすらほとんど目にしなくなった。このあいだ私がもらった手紙は、「ワープロが使えないので、手書きで失礼いたします」という一文ではじまっていた。

私が勤めている大学でも、事務書類はほぼ例外なしにコンピュータで作成される。先日手元に回ってきた書類には、回答は○○というワープロソフトを使って作成されたい、手書きはご遠慮ください、とまで注記されていた。学生の卒論・修論やレポートはもちろんコンピュータで書かれている。学生はキーボードに習熟しているし、さらにいまの小中学生が成長して社会の第一線に出る時代になれば、その傾向がますます強まってゆくことが確実である。

漢字は難しくなくなった

コンピュータで日本語を書く最大のメリットは、どんな難しい漢字でも、それがコンピュータで使えるかぎり、いとも簡単に表記できるということである。これまで手書きではほとんど書けなかった「憂鬱《ゆううつ》」だって、あるいは「穿鑿《せんさく》」だって「顰蹙《ひんしゅく》」だって「矍鑠《かくしゃく》」だって「魑魅魍魎《ちみもうりょう》」だって、キーボード上のいくつかのキーを打つだけで即座に画面に表示できるし、さらにマウスをクリックするだけで、そんな難しい漢字があっという間にきれいに印刷される。

近頃はあまり目だたなくなったが、ワープロが普及しはじめたころは漢字を使いすぎるという傾向がよく指摘された。キーを打つだけで次から次に漢字に変換されるものだから、最初は興味深さと面白さが入りまじって、なんでも漢字に変換しようとする人が多かった。「明けまして御目出度う御座居ます」と書かれた年賀状をもらったことがあるし、いまでも「駆け付ける」とか「雨に降り込められる」という文章を見ると、私は「付」や「込」という字が気になってしようがない。手で文章を書いていたときはきっと「駆けつける」とか「降りこめられる」と書いただろうから、「付」や「込」は機械を使ったときの過度の漢字変換である。しかしそんな風潮もしだいにおさまってきたし、最近ではカナ漢字変換のソフトが「かしこく」なってきており、ソフトの方で度のすぎた漢字の使用を減らす工夫までされている。

このようにコンピュータを使って日本語を書く習慣が定着するとともに、世間にはひとつの「信念」ができあがった。それは、「コンピュータで文章を書いていると、やがて手書きでは漢字が書けなくなる」というもので、その「信念」に関しては、世代間の格差もないようだ。

文章を書く機会の増加

機械で文章を書くときには、どんなに画数の多い難しい漢字でも、それがＪＩＳ漢字に入っているかぎりいとも気軽に使える。だがいまのようにコンピュータが普及する前に、私たちはそんな難しい漢字をひとつひとつ手書きで書いていただろうか。たとえば「愕然《がくぜん》」とか「咄嗟《とっさ》」ということばを、手書きの時代にも気軽に漢字で書いていただろうか。

もちろん書物や雑誌の編集者や、あるいは文筆業に携わる人々なら、難しい漢字を書く機会も頻繁にあっただろう。しかしここで考えようとしているのはそんな「文章のプロ」ではなく、ごくごく一般的な日本人の状況である。

たとえば私の父親は、六十一歳で没するまでの数十年間、活版印刷業を営んでいた。父は旧制の高等専門学校を卒業しているから、若い頃にはまずまず一通りの勉強をしてきたと思えるし、晩年の趣味の一つは読書であった。さらに印刷という仕事を通じて、毎日大量の漢字とつきあっていた。だがそんな父も、個人として文章を書くことはほとんどなかった。もちろん業務として帳簿や日報を記録することはあったが、仕事から離れた場では、文章などめったに書かなかった。

ひまがあれば友人に手紙を書く「筆まめ」な人をのぞいて、かつての一般的な日本人は自分で文章を書くという行為とほとんど無縁だった。だがそんな人でも、お中元やお歳暮をもらったときなどには、簡単な礼状程度の文章を書かねばならないことはあった。わが父はそんなとき、「最近は漢字をよく忘れるようになったなぁ」とぼやきながら、老眼鏡をかけて国語辞典を引いていたものだった。

それまで苦労せずに書けていた漢字が、あるとき突然書けなくなるという現象は、だれにだって起こる。専門は漢字の研究でございと、ぬけぬけと看板をかけている私だって、しょっちゅう漢字をど忘れしては、学生や家族にあきれられている。しかし漢字をど忘れするのは、別にコンピュータで文章を書くようになったからではない。パソコンなど見たこともなかった父や、父と同じ時代に生きていた人々だって、日常的に漢字をど忘れしていたにちがいないのである。

ところがコンピュータが普及してから、日常的に文章を書く人が激増した。機械を操作するのが面白いからなのか、あるいは字引を引きながら文章をとつとつと手で書く苦労から解放されたからなのか、ともかくコンピュータがビジネス界や学校に浸透し、さらに一般の家庭にまで普及してからは、それまで文章などほとんど書かなかった人が、大量に文章を書き出すようになった。インターネット上には実に膨大な数の「ブログ」が掲載されているが、それを書いている人のほとんどは一般人であって、プロの物書きではない。

携帯電話による電子メールの流行が、その傾向に拍車をかけた。いまでは男女を問わず小学生から老人まで、実に多くの人が、喫茶店や電車の中はもちろんのこと、ときには街頭で立ったまま、本当に寸暇を惜しんでという表現がぴったりするほど、こまめにメールをやりとりしているが、しかしそんなに頻繁にメールをやりとりしている人のすべてが、もともと「筆まめ」だったというわけではない。むしろ事実は逆で、メールを使う人のなかには、学生時代に課題としてあたえられた読書感想文やレポートを書くのが苦手だった、あるいは大嫌いだったという人の方が、圧倒的に多いはずだ。

機械を使えば、漢字を手で書く必要がない。だからそこでは漢字のど忘れが起こらないし、「辞書」が機械の中に内蔵されているから、漢字を書きまちがうこともない。「ワープロ誤植」とよばれる変換候補の選択ミスはありうるが、それはど忘れとは別の問題である。

しかし目の前に機械がないときには、かつての時代と同じように、手でコツコツと文字を書かねばならない。そのときに漢字のど忘れが起こる。しかしそれは文字記録環境が機械普及の前にもどっただけの話で、漢字が書けるか書けないかは、もとをただせば漢字に関する個人それぞれの知識量と習得達成度によるのである。もともと覚えていない漢字は、手書きではいつまでたっても書けるはずがなく、単に書けるつもりになっていたにすぎないのである。

ど忘れのメカニズム

かつて漢字は、小学校以来の学生時代に多くの時間をかけて、一所懸命に習得しなければ身につかないものであった。漢字習得の達成度にはもちろん個人差があり、同じ三十歳の男性でも、難字や珍読字が頻出する「漢字能力検定試験」の一級に合格する人もいれば、常用漢字くらいならだいたいなんとか書ける、というレベルの人だっているだろう。しかしどんな人であっても、小学生のときには一日百字か二百字の漢字を、マス目の入ったノートにポツポツと、眠い目をこすりながら埋めていった経験をもつはずである。若い世代なら、「漢字ドリル」という冊子を使って出された宿題をこなすのに苦労した思い出があるにちがいない。

このような地道で辛抱強い努力を続けてきた結果として、私たちはやがて一定の量の漢字が使いこなせるようになっていく。しかし学校を終えて社会に出ると、大多数の人は文章を書く機会が急に少なくなっていく。漢字を読むことは毎日のようにあるだろうが、しかし漢字を書かねばならない機会はだれにも毎日あるわけではない。こうして時間が経つうちに、せっかく習得した漢字を、つい書けなくなってしまうことがある。これが「ど忘れ」とよばれる現象にほかならない。

これを避けるためには、たくさんの漢字を日常的に手で書くことしかないだろう。漢字の習得は車の運転やコンピュータの操作に似たところがあって、日常的な反復が最善の方法なのである。

ど忘れは悪いことか?

現代の日本人は以前にくらべて文章を書く機会が格段に増加した。それはコンピュータや携帯電話を使っての「執筆」であるが、それにしても非常に多くの人が、日本語を日常的に、なんの気負いもてらいもなく書くようになったことは、疑いもなく素晴らしいことだ。これほどたくさんの人が、日常生活で大量に文章を書くというのは、これまでの日本の文化史の中では未曾有の事態なのである。

コンピュータは日本語記録環境を根底から改変した。機械を使えば、執筆者本人がもともと書けたかどうかすらあやしい漢字だって、いとも簡単に書くことができる。そんな機械を使っての執筆を続けているうちに、人はともすれば漢字を書くことにまったく苦労しないという錯覚をもってしまうのだが、しかしどんな人にももともと書けない漢字はあるし、反復訓練の欠如とともに、ある日突然かつて書けていた漢字が書けなくなる。

だがそれは機械のせいではなく、手で文章を書く機会が少ない人にはいつの時代にもつきまわる、実に単純な現象なのである。そのことを嘆くよりも、このように多くの日本人が日本語とより濃密に、そして気軽ではあるが真剣に向かいあえる状況が到来したことの方を、私はむしろ高く評価したい。

常用漢字の「二層構造」

収録字数が多い＝いい字書？

漢字にまつわる雑文をいくつか書いてきたからだろう、まったく面識のない方から漢字に関する質問をうけることがしばしばある。一昔前は封書やはがきで寄せられたものだったが、電子メールが普及してからは、大学のホームページにメールアドレスを掲載していることもあって、メールでの質問のほうが多くなってきた。面識のない人にいきなり手紙を出すのはちょっと勇気がいるが、電子メールならそれほど気を遣わない、ということなのだろう。ともあれ電子メールの登場は、見知らぬ相手とのコンタクトにおいても、心理的負担をかなり軽減したようだ。

このメールで寄せられる質問のなかに、先日「私が使っている漢和辞典には一万字くらいしか載っていないが、友人が買った辞典には三万字も載っている。一万字では足りないのだろうか」という内容のものがあった。ほかにも東北地方の高校生から「大きな辞書には五万字も載っていて、見たこともない漢字がいっぱい掲載されているが、漢字っていったいいくつあるのか」というメールが来たし、年配の主婦から「漢字の検定試験を受けようと思うのだが、いったいどれくらい漢字を覚えたらいいのだろうか」という趣旨のおたずねをうけたこともある。あるときには、「漢字は実に便利な文字だが、ちょっとした文章を書こうと思うとかなりたくさんの漢字を使わなければならないのが困ったものだ」という意見がメールで寄せられたこともあった。いずれも実話である。

うちの一つにあった、漢字はいったいいくつあるのかという問いは、まことに難問だ。それは「日本語で使われる単語はみんなでいくつあるのか」という問いと同じように、永遠に正解を確定できない問題である。

それにはもちろんちゃんとした理由があって、そのもっとも大きな理由は、漢字が成立以来現在にいたるまで、ずっと表意文字として使われてきたことにある。表意文字にはそれぞれの文字に固有の意味があるが、そのことを逆に考えれば、それぞれの文字は特定の事物や概念をあらわすために作られた、ということになる。公園でポッポッポと鳴いている鳥をあらわすために「鳩」という漢字が作られ、仏教の教義を体得するべく修行している人物をあらわすために「僧」という漢字が作られたのである。

この世の中には、口から発せられる言語であらわされる事物や概念が、世界のどこの地域においても、いわば無限に存在する。文字がなかった時代は、それらを音声のまま表現していたのだが、やがて文明が進み、文字でそれらの語彙を書くようになったとき、表音文字ならたかだか数十種の文字の組みあわせで事物や概念をあらわすことができた。たとえば「やま」とか「mountain」というように。しかし表意文字ではそれぞれの事物や概念を示す個別の文字を作るしか方法がなかった。それで漢字はそれを「山」という形であらわした。このような語彙がいわば無限にあるのだから、漢字の種類が時代とともに増えたのは、表意文字としての宿命であった。

かくしてこれまでに膨大な量の漢字が作られてきた。現代日本で漢字使用の目安とされている「常用漢字」は一九四五種類で構成されているが、高校生や大学生が使う学習用の漢和辞典にはだいたい一万字前後の漢字が収められている。現実にはそれだけあれば充分すぎるくらいなのだが、しかしさらに多くの漢字を収めた辞書もあって、本書の版元から刊行されている『大漢和辞典』には約五万もの漢字が収められているし、中国からはそれをしのぐ『漢語大字典』などが刊行されている。

さらに一九九四年には、巻頭に「当今世界収漢字最多的字典」と大きく朱書きした『中華字海』が刊行された。『中華字海』は熟語がまったく収められていないので、たった一冊の、そんなに厚い本にはなっていないが、しかしそこにはなんと八万を超える漢字が、見出し字として収められているという。

だがそのように大きな字典に収録されている漢字のすべてを、歴代の中国人や日本人が実際に使いこなしてきたわけではない。字典に収められる漢字の総字数は、中国や日本の歴史の中で作られ、なにかの記録や文献に使われたり、あるいは字書に収められてきた漢字の蓄積であり、時代を縦に通観して網羅的に得られる和集合にすぎないのである。

世間にはたくさんの漢字を収めているのがいい漢字辞典であるという、信仰に近い観念がある。だからこそ日本の『大漢和辞典』、あるいは中国の『漢語大字典』や『中華字海』などが社会でも学界でも高い評価を受けているのだが、しかし字書の良否をきめる判断基準は、収録字数の多寡だけではない。大量の「死文字」を取りこんだ結果、字数がいたずらに多くなることは、漢字字書にとってはむしろ欠陥ともなりうる事象であって、望ましい漢字字書では、本当に必要な漢字だけを厳選して収め、それに対する的確な注解がほどこされていなければならない。それこそが本当によい漢字字書の条件なのである。

求められる漢字の精選

本当に必要な漢字を選び、それに適切な処置をほどこすことは、単に漢字に関する字書だけでなく、同時に、日常生活で使うべき漢字の目安を策定する過程においても要求される原則である。

私たちの目の前には、数万に達する膨大な量の漢字が存在する。そして日本語が「漢字かな交じり文」という方式で書きあらわされるかぎり、好むと好まざるとにかかわらず、私たちは毎日の生活において一定量の漢字とつきあわざるをえない。

だがそれでは、大量の漢字のうち、いまの一般的な日本人にとっていったいどれくらいの数の漢字が必要なのだろうか。それはもちろん個人の職業や文化的な環境によってレベルがことなるものではあるが、それでもやはり、社会全体のコミュニケーションを円滑に機能させるために、国家の言語政策の一環として標準的な規格が設定されるべきであることはいうまでもない。戦後の日本で当用漢字や常用漢字が作られてきた背景には、まさにそのような認識があったし、それはこれからもかわることがないだろう。

『大漢和辞典』や『漢語大字典』、あるいは『中華字海』など数万もの漢字を収める規模の大きな漢字字書を例として述べたように、これまでに作られてきた漢字のうちの大多数は、実際にはほとんど使われない「死文字」であった。また「死んで」はおらず、いまも常用される漢字であっても、「們」（人間に関する複数語尾、「〜たち」にあたる）や「做」（英語の do にあたる動詞）のように、中国では日常的に用いられるがしかし日本ではまったく使われない漢字があり、その逆のケースももちろんある。いうまでもない話だが、常用される漢字は時代と地域によって大きくことなるものなのだ。

したがって、この膨大な量の漢字を前にして、真っ先におこなわれるべきことは、いまの日本の社会生活で本当に必要な漢字を、大量の漢字のなかから選びぬくことである。しかしこの「精選」という作業はまことに難しい。もしこの作業をおこなう「漢字精選委員会」にメンバーが十人いたとしたら、おそらく十種類のことなった文字集合が作られることだろう。

しかし漢字を精選する原則はあくまでも、それぞれの漢字が現代日本でどのように使われているのか、その現状を、より多くの客観的かつ多角的なデータによって分析し、それに基づいて各字に対して重みづけをおこなう、というものでしかないだろう。現状分析のための資料として想定されるのは、近年に刊行された書籍や雑誌・新聞などに使われている字種の調査や、文化庁あるいは新聞社などが定期的におこなう各種のアンケートなどであって、精選作業はそれらに頼らざるを得ず、そうして選ばれる結果は最大公約数でしかありえない。それが、規格というものがもつ宿命である。

電子機器がもたらした問題

かつての「当用漢字」や「常用漢字」を策定する段階でも、もちろん同様の基礎データを使った分析がおこなわれたにちがいない。それが具体的にどのような資料を使ったものであったのかを私は詳細には把握していないが、しかしそれがどのようなものであったにせよ、これからの常用漢字見直しに関しては、かつての規格策定の段階には存在しなかった大きな相違点がある。それは、いまはパソコンや携帯電話などの電子機器を使って漢字がいとも簡単に書けるようになっている、という変化で、この事実を看過して漢字の常用性の分析はありえない。

一九四六年の「当用漢字」のあとをうけて「常用漢字」が制定されたのは、一九八一年のことだから、もう三十年近くも前になる。

時代がかわれば、「常用」される漢字に変化が起こるのは当然のことだ。いまでは「拉」（「拉致」）や「侶」（「伴侶・僧侶」）などの表外字（常用漢字表に入っていない漢字のこと）がテレビニュースの字幕や新聞に使われているし、それに違和感を覚える人もほとんどいない。「冤罪」や「愛玩」「剝奪」（冤・玩・剝が表外字）という表記も、最近の新聞では常見されるようになった。「准」などという漢字はこれまであまり使われなかったが、大学の「助教授」を「准教授」と言い換えるようになってから、「准」の使用頻度が急激に高くなった。

いっぽう重さの単位をあらわす「匁」は当用漢字表にも常用漢字表にも入っているが、いまどき買い物をするのに、匁すなわちモンメという単位を使う人はまずいない。「謄」や「匆」も常用漢字だが、「謄」は現実には「戸籍謄本」にしか使わない。「謄写版印刷」はすでに前世紀の遺物となっていて、それを「ガリ版」と言い換えても学生諸君にはもはや通じない。「劾」も「弾劾裁判」くらいしか使われず、それらは一般人が「常用」する漢字と考えるにはいささか無理があろう。さらに天皇陛下自身が「わたくし」と自称する時代に、「朕《ちん》」や「璽《じ》」が常用漢字に入っていることも、常用漢字をめぐる議論にしばしば取りあげられる話題である。

現行の常用漢字には、経年変化にともなうこのようなずれがある。それだけでもこのあたりで「バージョンアップ」するべき理由となるのだが、さらにそんな時代の変化よりももっと大きな問題として、電子機器の普及によって生じた現実との乖離があった。

かつて漢字は、タイプライタなどの機械では書けない文字であった。そのために報道機関やビジネス界から漢字制限論や廃止論がさかんに唱えられたのだが、しかし情報科学分野を中心とするめざましい技術の発展によって、一九七〇年代後半から、コンピュータで多くの漢字を処理できるようになった。

コンピュータを製造する会社は一社ではなく、初期にはそれぞれのメーカーが独自に漢字にコードをあたえていた。だが各メーカーのあいだでコードが統一されていなければ、情報交換の際に混乱が生じる。それで通産省が中心になって、「情報交換用漢字符号系」（通称「JIS漢字」）という規格が制定された。それは一九七八年のことで、これによって六五〇〇あまりもの漢字が機械で書けるようになったのだが、それはその三年後に制定された常用漢字の実に三倍強にあたる字数だった。

しかし常用漢字とＪＩＳ漢字という二つの規格はそれぞれ別の組織で策定され、おそらくは別々の役割をになうものと考えられていたのだろう、その段階で両者がすりあわされることはまったくなかった。いまの漢字をめぐる種々の問題は、ここからはじまったといっても過言ではない。

「常用性」のゆらぎ

漢字の規格にかかわった当時の関係者は、まさかこれほど急激に、多くの人が機械で漢字かな交じり文の日本語を書く時代がやってくるとは思わなかったにちがいない。しかしそんな認識とはうらはらに、漢字を使えるコンピュータはどんどんと小型低価格化し、ごく短時間のあいだに社会の隅々にまで普及した。通勤電車のなかで小さなパソコンを開いて書類やメールを作成しているビジネスマンはどこにでもいるし、キーボードとマウスを自由自在にあやつる小学生など、いまではめずらしくもなんともなくなった。

さらにいまでは携帯電話が学生やビジネスマンの必需品になった。私の勤める大学でもそうだが、昨今の大学では、パソコンか携帯電話でのメールを使わないと、講義の登録や単位の確認ができないから、まともに学生生活を送れないシステムになっている。携帯電話の普及によって人々の認識もかわりつつあるようで、電話で話をするのはおっくうだけれども、メールなら簡単にメッセージを伝えることができるから、夫婦げんかの仲直りを携帯電話のメールでおこなったという笑えぬ実話もあるくらいだ。

なにかの用件があって連絡するだけでなく、単に「どうしてる？ 元気？」とか、「明日のコンパなに着ていく？」というような書きだしからはじめられる「電子の手紙」が、注文したラーメンができるまでにカウンターにすわったままチャッチャッと書ける。こんな便利な道具が流行らないはずがない。

こうしていまでは、ＩＴ機器を使って漢字かな交じり文の日本語を書くのがきわめてふつうの行為になった。そこでは常用漢字の三倍強にあたる数の漢字が、きわめて簡単に使える。そして大多数の人は、自分が使っている漢字が常用漢字表に入っているかどうかなどまったく意識しないし、そもそも常用漢字表の存在すら知らない人だって、世間にはたくさんいる。いやむしろそちらの方が多いかも知れないとも思えるが、そんな人々が、パソコンやケータイで表示される漢字を気軽に使って、自由な感覚で文章を書きまくっているのだ。

いまでも文字を書く人には、自分の文字が上手か下手かは大きな問題であるにちがいない。しかしＩＴ機械を使って文章を書けば、文字の美しさを気にすることまでなくなってしまう。

機械で書かれる文字には、書き手の力量に左右される美醜の差が存在しない。パソコンで作った文書では、美しさを決めるのは機械に内蔵される書体（フォント）とプリンターの性能であって、文書を入力した人間の腕前ではない。ましてや携帯電話から発せられるメールは、プリントアウトされることすら想定していない。

近年の日本人は漢字の書き取り能力も、書写能力の美醜も問われないことがあたり前になった。これは日本人が漢字を使うようになってからいまにいたるまでの一千年以上の歴史においてはじめて経験することなのだが、しかしそんなことはまったく問題にされず、人々はこうして漢字に対する敷居の高さを克服した。

だが、いつの時代においても文字を手で書くという行為はなくならないし、それが文字文化の中で非常に重要な要素を構成するものであることはまちがいない。どれほどコンピュータが進歩しても、文章の読み書きが国語力の基本であることは絶対にかわらないし、そのための基本教育がおろそかにされることは決して許されない。

現在の小学校では六年間を通じて一〇〇六種類の漢字を学習することが、文部科学省の学習指導要領に定められている。この「教育漢字」と呼ばれる漢字集合についても、やがて字数の見直しや字種の入れ替えなどがおこなわれるかも知れないが、しかし小学校で学習する漢字は、いつの時代においても、手で書けないと困るものばかりで、それは社会生活に大きな影響をあたえるもっとも基本的な文字群である。

そしてさらに、たとえば「丼」や「歳」「鍋」「鑑」など、日常生活で頻繁に使われ、小学生でも目にする機会が多い漢字が現行の教育漢字には入っていないから、小学校で学ぶ漢字だけ書ければ社会人として生活するに十分にことが足りる、というわけではない。おまけにこれらの漢字をいつでも機械で書けるというわけではないから、これからも基本的な漢字を手で書けるように学習することは不可欠であって、学校から書き取りの試験がなくなる日は永遠にやってこない。

ただ手書きの時代には大きな労力を必要とした複雑な漢字が、いまは機械によって簡単に書け、きれいに印刷までできるようになったことに対しても、客観的事実としてはっきりと目をむける必要があろう。

これまでは必要な漢字をすべて手で書かねばならなかった。しかしこれからは、かならず手書きで書けなければならない基本的な漢字群と、正しい読み方と使い方を理解さえしていれば、必ずしも手で正確に書けなくてもよい漢字群、というように、漢字全体を二層の構造にわけ、そのどちらをも常用漢字という枠で包括することも視野にいれるべきであろう。

日本語の表記にはいま史上空前の変化がおきている。そしてそれに連動して、三十年近くも前に定められた漢字の規格が示す「常用性」が、大きくゆらぎはじめてきたのは当然である。文字は文化の根幹に位置するものである。私たちを取り巻く文字環境が混乱せず、より便利で合理的なものになるように、各方面からの積極的な支援と提言を期待したい。

現代日本の漢字規格

日本のユニークな表記体系

私が勤める大学院に、かつてイタリアからの女子学生が留学に来ていた。ベネチアの大学で日本語を学んだ彼女は、日本の大学院では「ヨーロッパ人から見た東洋の文字文化」というテーマで勉強していたのだが、その女性があるとき、おもしろい指摘をしてくれた。

それは、たとえば「動物園にライオンがいる」という日本語を、「どうぶつえん」が漢字で書ける年代から上ならば、ほとんどの日本人がまちがいなしに「動物園」三文字を漢字で、「ライオン」四文字をカタカナで書き、それ以外の「に」「が」「いる」はひらがなで書く。それは百人でも一万人でも同じであり、日本の人口を一億二千万人とすれば「動物園」を漢字で書ける人はきっと一億人はいるが、その一億もの人がほぼ全員同じような文字の使い分けをしているわけだ。

「なぜ日本人は、漢字とひらがなとカタカナというまったくちがう種類の文字を、全国民がほとんど同じように使い分けることができるのか」とその留学生から聞かれて、私は答えに窮してしまった。そのように学校で習うからかなぁ…とその場しのぎの苦しい返答をしても、「学校で教わることをすべての国民がそのまま覚えてくれたら、先生にとってそんなありがたい話はありませんよね」と彼女は納得しない。たとえば台形の面積を求める公式は小学校の算数の授業で習うが、一億人の日本人全員がすぐに台形の面積を計算できるわけではないだろう。しかし漢字とかなの使い分けについては、全国民がほとんど同じように書くという事例が実際に存在し、そしてそれはめずらしいことではないのである。

あらためて考えれば、「動物園」という三文字は漢字で書くことばだと、私たちは小学校の授業を通じて頭の中のどこかで刷りこまれているにちがいない。また「ライオン」は外来語だからカタカナで書くということも、どこかで学習して、知識として覚えている。こうして私たちは学校教育を通じて同じ知識を持つことで、ひらがなとカタカナと漢字を使い分けているのにちがいない。

日本語は「漢字」と「ひらがな」と「カタカナ」という、それぞれ属性がことなった三種類の文字を、より正確にいえば、「漢字」という表意文字と、「ひらがな」「カタカナ」（それに「ローマ字」）という表音文字を交ぜて書く言語である。このような表記方法は、世界的に見てもほとんど例がない。だいたい世界の言語はどこでもただ一種類の文字だけで書くことになっていて、英語やフランス語・ドイツ語・イタリア語はすべてa・b・cなどのローマ字（ラテン文字）で書かれるし、ロシア語などスラブ語系統の言語はキリル文字で書かれる。アラビア語圏の諸国ではアラビア文字という、右から左へ書いていく文字を使っているし、中国で使われるもっとも主要な言語である「漢語」（中国語）は、漢字だけで書かれている。

つまり世界中の言語はただ一種類の文字だけで書くというのがあたり前になっているのだが、しかし日本語はそうではない。私たちは「漢字」と「ひらがな」と「カタカナ」と「ローマ字」と、さらに「プラスα」とか「βカロチン」、「γ線」というようなことばでは、αやβなどのギリシャ文字まで使っている。

ギリシャ文字はいささか特殊であるとしても、それでも少なくとも「漢字」と「ひらがな」と「カタカナ」と「ローマ字」という四種類のことなった性格の文字を、全国民が個人のリテラシーにもとづいて、自由に使い分けて書いていることはまちがいない。そしてそのことを、私たちはそんなにたいしたこととは思わず、いわばあたり前のことと認識しており、それができなかったら大人になる資格がないとまで考えている。

しかし世界的に見れば、これは非常にきわめて特殊な状況であって、日本語のほかには韓国語があるだけだ。韓国語は「ハングル」という韓国・朝鮮語を書くための表音文字と、漢字を交ぜて使うことがあり、新聞などでは時に「漢字ハングル交じり文」を目にすることがある。ただ現実には漢字はあまり使われておらず、韓国に行った経験がある方ならご存じの通り、韓国の街中は基本的にハングルばかりで、バスの路線図や商店の店名、あるいは食堂のメニューなどがハングルだけで書かれているから、ハングルが読めなければ食堂で食事もできず、バスや地下鉄にすら乗れないということになってしまう。一般的な新聞や雑誌でもハングルだけで書かれているのがふつうで、中国語に由来する語彙（漢字語）について、ハングルのあとにカッコにいれた形で漢字が記載されることがあるくらいである。それでも韓国では、歴史や文化遺産などにかかわる伝統的文化を鑑賞したり研究する際には漢字を理解することが必須で、知識人向けの書籍などではいまも「漢字ハングル交じり文」が使われることがある。したがってその意味では、韓国も複数種類の文字を使い分けて言語を表記している、といえるのだが、しかし韓国の表音文字はハングル一種類しかない。それに対して日本は、ひらがなとカタカナの二種類を明確に使い分けている。

要するに日本人は、世界で最も複雑な文字の使い分けをいとも簡単にこなしている、というわけだ。

しかしその使い分けも、実はそれほど単純ではない。

先ほど例とした「動物園にライオンがいる」という文章なら、漢字とカタカナとひらがなが同じように使い分けられるが、しかし同じく日本語で「となりのおくさんはほんとうにべっぴんでうらやましい」という文章を考えてみよう。

これは人によってまちまちで、まず「となり」を「隣」と書く人もいるだろうし、「となり」とひらがなで書く人もいるだろう。「おくさん」の「奥」は漢字で書く人が多いと思われるが、人によってはかなで書くこともあるだろう。

次の「ほんとうに」についても「本当」を使うか、あるいはひらがなで「ほんとに」と書くか、若い人だったら「ホント」とカタカナで書いて「に」をひらがなで書く、という書き方をすることもあるだろう。

「べっぴん」を年配の人なら「別嬪」と書くだろうが、最近あまり使われなくなったことばだから、なかには「べっぴんってどんな漢字だったかなあ」と考えこむ人も多いにちがいない。若い人だったら「ベッピン」とカタカナで書く可能性も高い。最後の「うらやましい」についても、「羨」を使うか、ひらがなで書くか、これには大きなバラツキがあるだろう。

「どうぶつえんにらいおんがいる」では、ほぼ一〇〇パーセント同じように文字を使い分けるのに、「となりのおくさんはほんとうにべっぴんでうらやましい」では、文字の使い分けにかなりバラツキがある。

私たちはこのように漢字とひらがなとカタカナを自由自在に使い分けて文章を書いているわけだが、どのように文字が使い分けて書かれていようとも、私たちはそれを誤読することがまずない。だからこそ、個人で文章を書くときに、どんな文字の使い方をしようがまったく自由であるべきなのであり、国や学校などの組織は、絶対にそこに口を出すべきではない。

しかし人間は社会で一人一人が気ままに生きているわけではない。私が日記を書いたり、手帳にメモをつけるときにどんな字を書こうが、それはまったく自由であるべきだが、しかし友人に手紙を書いたり、あるいは講義の際に必要なことを黒板に板書するときには、まったく自由に文字を使っていいというわけではない。手紙や板書での文字は他人に対して何かを伝達するツール・道具として使われているのだから、そこには必然的に情報の伝達に関わる基本的なルールが介在してくるはずだ。

漢字に関する三つの規格

社会生活が円滑に営まれるためには、各人が勝手な文字遣いをしていると情報伝達の効率が極端に悪くなる。そこで私たちの日常生活をめぐっては、個人独自の文字生活とはちがうレベルで、国が漢字に関する規格を作っていて、これには三種類ある。

その三種類とは、「常用漢字」「人名用漢字」と「情報交換用漢字符号系（ＪＩＳ漢字）」というものである。

最初の「常用漢字」は、「法令・公用文・新聞・雑誌・放送」など、私たちの日常生活にかかわる一般的な文章において漢字を使う「目安」として定められたもので、かつては文部省（現在の文部科学省）が、いまは文化庁が管轄している。

次の「人名用漢字」については、常用漢字のほかに子どもの名前に使うことができる漢字の集合である。日本では生まれた子どもが日本国籍を持つ場合、出生後二週間以内に役所に出生届を出さねばならないが、その出生届に記載する名前に使える文字が、「戸籍法」という法律によって決められている。

三つ目は工業製品で漢字を使うための規格、いわゆる「ＪＩＳ漢字」であり、正式名称を「情報交換用漢字符号系」という。

常用漢字について

常用漢字の前身は、一九四六年に制定された当用漢字である。これは「当面のあいだ使用すべき漢字」という意味で命名された規格で、もともとはＧＨＱによる戦後日本の改革の一つとして方向づけられた、漢字の全面廃止に向けたものであった。

もともとＧＨＱは戦後の日本では日本語をすべて表音文字で、それもすべてローマ字で書くことを提言していた。つまり漢字を使わずに日本語を書くことを提唱したのだが、しかし漢字を一挙にすべて廃止するのは現実として非常に難しいので、ひとまずは法令・公文書・

新聞・雑誌で使う漢字をできるだけ少なくしようとした。つまり当用漢字は将来の漢字全廃を見据えた、漢字制限のための規格であった。

その趣旨は一九四六（昭和二一）年十一月に内閣総理大臣吉田茂の名前で告示訓令された「当用漢字表」の「まえがき」に、

一、この表は、法令・公用文書・新聞・雑誌および一般社会で、使用する漢字の範囲を示したものである。

一、この表は、今日の国民生活の上で、漢字の制限があまり無理がなく行われることをめやすとして選んだものである。

一、固有名詞については、法規上その他に関係するところが大きいので、別に考えることとした。

とある通りで、またその「使用上の注意事項」には

イ、この表の漢字で書きあらわせないことばは、別のことばにかえるか、または、かな書きにする。

ロ、代名詞・副詞・接続詞・感動詞・助動詞・助詞は、なるべくかな書きにする。

ハ、外国（中華民国を除く）の地名・人名は、かな書きにする。

ただし、「米国」「英米」等の用例は、従来の慣習に従ってもさしつかえない。

ニ、外来語は、かな書きにする。
ホ、動植物の名称は、かな書きにする。
ヘ、あて字は、かな書きにする。
ト、ふりがなは、原則として使わない。
チ、専門用語については、この表を基準として、整理することが望ましい。

と書かれている。

私は一九五一（昭和二六）年の生まれなので、終戦直後の混乱期を体験しているわけではないが、両親やその他の人から、敗戦直後の日本では、軍国主義から民主主義への変化にともなって価値観が一八〇度急転回し、それにともなって、ありとあらゆるものが大きくかわった、と聞いている。そのうち漢字に関する大きな変化はGHQの占領統治政策によるもので、アメリカ人から見たら漢字を使う文化はやはり不可解で不気味なものだったのだろう。

欧米人の中には、漢字を使うことを根本的に理解できない人々がいるようで、GHQやアメリカの教育関係者は、漢字を使っていると子どもの学習の負担がきわめて重くなると考えた。彼らの認識では、ローマ字なら二十六種類、大文字小文字あわせても五十二種類の文字さえ覚えれば文章が書けるのに、漢字を使って日本語を書けば千や二千はたちどころに必要になるから、必然的に子どもの学習負担がきつくなる。だからこれからは漢字を使わずに、かなかローマ字だけで日本語を書くべきだ、との改革方針が占領軍から示された。当時の一部に存在した極端な認識では、日本人が今後もたくさんの漢字を使いつづけると「子曰く」うんぬんかんぬんの儒教の文献を読むようになり、「君には忠、親には孝」の封建的な考え方からぬけきれず、ふたたび「軍事大国化」する危険があると考えた者もいた。いまからは非常に浅薄な短絡的思考としかいえないが、しかしそれがGHQのトップから出てくれば、当時の文部省幹部たちは「それはまちがっていますよ」とはなかなかいえなかったのだろう。

それでも政府はなんとか抵抗を試みたようで、「一度に漢字を廃止するという急激な変化は、いたずらに社会的混乱を招くばかりだから、とりあえず印刷物で使う漢字をしぼりこむ」という方向で、一八五〇種類の漢字を選んだ。それが当用漢字の趣旨で、ここに入っていない漢字は、ひらがなで書くか、あるいはほかのことばにいい換えることが要求された。

こうしていくつかの新しいことばが生まれた。たとえば「偵」という漢字が当用漢字に入らなかったので、新聞や雑誌では「探偵」と書けなくなった。そうなると戦前から人気があった江戸川乱歩の『少年探偵団』をはじめとする「探偵小説」ということばが書けなくなる。もちろん個人がどのような漢字を使おうが勝手だが、しかし新聞や雑誌などでは当用漢字に入っていない漢字が使えないので、「偵」をひらがなで書くことになる。そうすると「探てい小説」という、まことにまのびした表記になる。このような書き方を「交ぜ書き」というのだが、「偵」が使えないからといって「探てい小説」と書くのはいささかみっともない。それでそのいい換え語としてつくられたのが「推理小説」ということばであるという。なお「偵」はその後「常用漢字」に入ったため、いまは「探偵小説」と書いてもなんの問題もない。

それ以外にも、実にたくさんの「書き換え語」が作られた。いま思いつくままに例をあげれば、それまで「暗誦」と書かれていたのが「暗唱」とされ、「輿論」が「世論」と書かれるようになった。「白堊」は「白亜」に、「激昂」は「激高」に、「肝腎」は「肝心」に、「鄭重」は「丁重」に、「訣別」が「決別」と、「日蝕」が「日食」と、「蒐集」が「収集」と書かれるようになった。

書き換え語は枚挙にいとまないほどあるが、「臆病」を「憶病」と書くなどは、漢字の用法から見れば完全なる誤用というべきである。しかし中にはすでに社会に完全に定着しているると見受けられるものもある。

官僚が賄賂をとることをかつては「瀆職」といったが、「瀆」が当用漢字に入らなかったので、「汚職」ということばができた。これは同音のほかの漢字に置き換えるのではなく、語構成そのものをかえた例であって、いまでは「瀆職」といってもまず通じない。これなどは社会に完全に定着した好例であるといえる。

いずれにしても、当用漢字はさまざまな問題をはらみつつ、漢字を一八五〇という数にしぼりこんで、その枠の中で漢字を使うこととした。そしてその数年後には、それぞれの漢字の字体と音訓を別の表によって定めた。字体を決めたのは「当用漢字字体表」で、これによっていわゆる「旧字体」が「新字体」に直された。たとえば「學」「樂」「辭」「藝」「當」「傳」「體」などは「学」「楽」「辞」「芸」「当」「伝」「体」と書くことにし、それを正規の字体と認定した。

このようにして、「当面のあいだこれだけ漢字を使う」という趣旨の規格が一九四六年に定められた。しかし「当用」であるかぎり、いつかは「正式版」が決められなければならない。「戦後の混乱期で、さまざまな改革を一度におこなうのは大変だから、とりあえずこう決めておいて、詳しいことはまたあとで決めましょう」という姿勢は、わからないでもない。しかしその正式版が決められたのは、暫定版からなんと三十五年もたった、一九八一年のことだった。

その正式版として決められたのが「常用漢字」で、一般の社会生活において現代の国語を書きあらわすための「目安」として、一九四五種類の漢字がそこに収録されている。

当用漢字から常用漢字への変化は、使える漢字が九十五文字増えたということよりも、むしろ「制限」から「目安」にかわったということの方が重要だった。たとえば「このジェットコースターには一メートル五〇センチ以下の人は乗れません」というのは制限であって、一四九センチの人は絶対に乗れないが、「このジェットコースターに乗れるのは一五〇センチを日安とします」とあれば、係員の裁量によって、一四九センチの人にも乗れる可能性がある。「制限」と「目安」はよく似た概念だが、実はかなりちがう。

前に例として挙げた「拉」は表外字だから、漢字制限のための規格であった当用漢字の時代だったら、新聞もその字は使えない。しかし常用漢字は「目安」だから、独自の判断で「この漢字を使う」と決めれば使えることになる。実際に新聞協会では用字用語委員会という組織を作って、新聞で使う表外字、あるいは常用漢字に入っているが新聞では使わない漢字を決めている。

さてこの常用漢字が、時代の経過とともにしだいに社会の実情にあわなくなってきた。もともと私たちは日常生活のなかで「この字は常用漢字だ、この字は表外字だ」と意識することなどめったにない。漢和辞典の編集者や中学・高校の国語の先生が試験問題を作るときには、ある漢字が常用漢字に入っているかいないかを意識するだろうが、一般の人々にはまず関係がない。

そんなところに、一九八〇年代から九〇年代にかけて、キーボードや携帯電話を使って日本語を書くのがきわめてふつうの行為になってきた。「OA革命」ということばとともに、最初は企業のオフィスを中心に使われてきた電子機器が、しだいに社会に浸透しだし、学校ではまず先生が、そして価格の下落とともに大学生も、ワープロやパソコンで文書を作成するようになってきた。

いまここに高等学校の国語の先生がいるとして、ワープロで日本近代文学史に関する補助教材を作るべく、「森鷗外」と書こうとしたら、ワープロの画面には「森鴎外」と表示された。先生は、あれ、なにかおかしいな、と思うはずである。日本を代表する文豪の名前は、教科書や市販の書籍では「森鷗外」と印刷されている。しかしワープロの画面ではそれが「鴎外」となってしまう。もしそのまま印刷して学生に配れば、注意深い生徒なら「教科書は『鷗』なのに、先生のプリントは『鴎』になっている。どちらが正しいのだろう」と、不思議に思うにちがいない。

ほかにも「飛驒高山」の「驒」は、コンピュータで書くと「飛騨」となってしまうから、問題は国語だけでなく、地理の先生にも波及する。それ以外にも、そのころのワープロ・パソコンでは「簞」が「箪」に(「簞笥」「瓢簞」となる)や「醱」が「醗」、「醬」が「醤」になるなどの問題があった。

これらはすべて、一九八三年に改訂されたＪＩＳ漢字規格で例示体とされた「拡張新字体」にまつわる問題である。しかし大型電器店などから、安くなったとはいえ、それなりに高価だったワープロを買ってきて、まずは手紙でも書いてみるかと意気ごんでいる一般ユーザーは、ほとんどの人がＪＩＳ規格や拡張新字体などについて知識をもっていない。だから「祈祷」とか「冒涜」などと、それまで見たこともない漢字の字体が画面に表示されると、これはいったいどうなっているのか、この機械には欠陥があるのではないか、と考えても不思議ではなかった。

このような電子機器における漢字の字体を問題視したのが、日本文藝家協会だった。まず当時の日本文藝家協会理事長だった江藤淳氏が、表外字について字体の基準が示されていないことなどに関して「今後の言語政策が誤りなく進められるよう」という要望書を国語審議会に出した。さらに一九九八年一月に同協会は「漢字を救え！　文字コード問題を考えるシンポジウム」を開催して、「ＪＩＳ漢字批判」といえる大キャンペーンを展開した。

「漢字を救え！」とはまことにセンセーショナルなタイトルだが、そこでは「コンピュータでは『嘘字』や『略字』が表示される。『鴎』は俗字であって、正しくは『鷗外』と書くべきだ」という意見が、実際に電子機器で作品を書いている作家たちから強く主張された。

もともと手書きで文章を書いていた時代にはどのような漢字でも自由に書けたが、コンピュータで文字を書くことが普及してくるにつれて、書き手が考えているのとことなった字形の漢字が画面に表示されることが、問題になってきた。とはいっても、常用漢字に入っている漢字なら、常用漢字表によって規範的な字形が定められているから、画面にもその通りの字形が出る。問題は常用漢字に入っていない漢字について、それまでまったく規範的な字体が定められていなかったことで、だから「涜」や「祷」という形が画面に表示されたのである。

では常用漢字に入っていない漢字は、いったいだれが管理していたのか。それは実は、どの組織も管理していなかった。混乱の発端はそこにあった。

表外字の字形については、まったく何の規定もなかった。そのことは、一九八一年に国語審議会が文部大臣に提出した「常用漢字表について（答申）」に、「常用漢字表に掲げていない漢字の字体に対して、新たに、表内の漢字の字体に準じた整理を及ぼすかどうかの問題については、当面、特定の方向を示さず、各分野における慎重な検討にまつこととした」（文化庁文化部国語課編『国語関係答申・建議集』一二六頁）と書かれている通りである。「慎重な検討にまつ」はお役所の得意文句だが、要するにいつ検討するかわからないということであって、実際に一向に検討されなかった。それが、世の中にコンピュータで文字を書くことが広まってきて、表外字の字体が人々の関心を集めたわけだ。

こうした動きをうけて、国語審議会が表外字の字体に関する委員会を作って検討し、やがて『表外漢字字体表』（二〇〇〇年十二月答申）が作られた。それは一般の書籍や文書において表外字を含んだことばを印刷する場合にどのような字体を使うべきかということについて、国語審議会が文部大臣（当時）に答申したものである。

この表によって、「鷗」のほかにも「攪」や「醬」などが「印刷標準字体」という名称で認知された。これにより、いまでは明治の文豪は「森鷗外」と印刷すべきだと決まっている。しかしコンピュータが社会に普及してすでに二十年以上の時間が経っており、それまでに書かれた文章がいたるところに蓄積されていて、そこに使われている拡張新字体をいまから抹消するわけにはいかない。それで「攪」や「醬」などについても認めないわけにいかず、最終的にはそれらいくつかの漢字を「簡易慣用字体」という名称で認めた。

人名用漢字について

次に子どもの名前に使うことができる漢字についての規格である。

日本人の名前については「戸籍法」という法律があって、その第五十条に、「子の名には、常用平易な文字を用いなければならない」と決められている。実はこれだけが名前に関する法律なのだが、そこにいう「常用平易」とは、要するによく使われて（常用）、簡単である（平易）、ということだ。まことにおおざっぱな規定だが、その「常用平易」についてさらにその条文の第二項に、「常用平易な文字の範囲は、法務省令でこれを定める」と記されている。「法務省令」は法務大臣が出す命令であり、つまり、人名に使える漢字について法務省が「常用平易性」を判断しているのである。

日本の歴史がはじまって以来ずっと、人名に使える漢字についてなんの制約もなかった。それが、一九四八年に戸籍法が制定されたときに、「子の名には、常用平易な文字を用いなければならない」と定め、「常用平易」な漢字とは「当用漢字表」に入っている漢字のことだとして、これから戸籍に記載する子どもの名前はその中から選ぶことと決められた。

ところが当用漢字表は「法令・公用文・新聞・雑誌」(のちの常用漢字ではさらに「放送」が加えられた)を対象とするもので、固有名詞ははじめから眼中になかった。したがってそこには「彦」や「昌」、あるいは「弘」など、日本人の名前には伝統的によく使われているが、造語力が弱く、一般的な漢字語彙には使われない漢字が入っていなかった。

もともと固有名詞を対象とはしていない当用漢字という規格から、人名に使う漢字を選ぶのは大きな矛盾であった。だから名前に使いたい漢字が当用漢字に入っていないのは困るという意見が国民のあいだから強く主張されてきたのは当然であり、こうして一九五一年五月に、内閣は当用漢字以外に名前に使える漢字として、別に九十二文字を「人名用漢字」として定めた。これ以後現在にいたるまで、子どもの名前には「当用漢字」(常用漢字)と「人名用漢字」のなかから選ぶことになっている。

ちなみにこのとき人名に使えることとなったのは、以下の通りである。

丑・丞・乃・之・也・亘・亥・亦・亨・亮・仙・伊・匡・卯・只・吾・呂・哉・嘉・圭・
奈・宏・寅・尚・巌・巳・庄・弘・弥・彦・悌・敦・昌・晃・晋・智・暢・朋・杉・桂・
桐・楠・橘・欣・欽・毅・浩・淳・熊・爾・猪・玲・琢・瑞・甚・睦・磨・磯・祐・禄・
禎・稔・穣・綾・惣・聡・肇・胤・艶・蔦・藤・蘭・虎・蝶・輔・辰・郁・酉・錦・鎌・
靖・須・馨・駒・鯉・鯛・鶴・鹿・麿・斉・龍・亀

こうして一九五一年に九十二種類の漢字が人名用漢字として選ばれたあと、しばらくはその状態がつづいていたが、命名には時代ごとの流行があって、やがてまた「子どもの名前に使いたい漢字が、当用漢字にも人名用漢字にも入っていない」という不満が法務省に寄せられるようになってきた。そんなころ、一九七一年に開催された「全国連合戸籍事務協議会」の総会で、人名用漢字のさらなる追加を要望する決議がおこなわれた。その長い名称の会議は、全国の市町村で戸籍事務を担当する実務者たちが年に一度集う全国組織であるが、そこで、「現場で戸籍実務を担当している事務官たちは、人名に使えない漢字を記した出生届が提出されれば突き返さざるをえない。しかし両親や祖父母が一所懸命に考え、せっかく選んだ漢字なのに、それが使えないと知って落胆し、しぶしぶ別の名前を考えたり、ちがう漢字を選び直すというケースを見るのは人情としてまことに忍びない。だから制限をさらに緩和して、より多くの漢字を使えるようにしてほしい」との要望が強く表明された。

そんな要望を背景として、一九七六年に合計二十八の漢字があらたに「人名用漢字」に追加された。これで当用漢字以外に名前に使える人名用漢字が合計一二〇字となった。このとき名前に使えるようになった漢字は、次の通りである。

佑・允・冴・喬・怜・悠・旭・杏・梓・梢・梨・沙・渚・瑠・瞳・紗・紘・絢・翠・耶・芙・茜・葵・藍・那・阿・隼・鮎

それから五年後の一九八一年に、人名用漢字にとって一つの事件が起こった。それまでの当用漢字表が廃止され、かわって常用漢字表が告示されたのである。

常用漢字は当用漢字に九十五字を増やした一九四五字で構成されている。しかし常用漢字に追加された九十五字のなかには、それまで人名用漢字として指定されていた漢字が八字（尚・甚・杉・斉・仙・磨・悠・龍）含まれていた。そのため法務省はその八字を人名用漢字から削除し、それとは別に、あらたに五十四字を人名に使える漢字として追加した。この結果、人名に使える漢字は常用漢字のすべて（一九四五字）と、別に定められた人名用漢字一六六字となった。

さらにこの時に「人名用漢字許容字体表」というものが作られた。これはたとえば「国」に対する「國」、「為」に対する「爲」、「亘」に対する「亙」、「巌」に対する「巖」など、一部の漢字での旧字体を人名においては「当分のあいだ」使うことを許容する、というもので、常用漢字から選び出された一九五字の旧字体と、人名用漢字から選び出された十字の、合計二〇五種類の漢字がそこに掲げられた。なおこれらの許容字体はすべて、二〇〇四年九月に人名用漢字に追加され、それにあわせて「人名用漢字許容字体表」が廃止された。つまり「当分のあいだ」とは平成十六年九月までのあいだだったというわけである。

この時に追加された五十四字は次の通りである。

伍・伶・侑・尭・孟・峻・嵩・嶺・巴・彬・惇・惟・慧・斐・旦・昂・李・栗・楓・槙・汐・洵・洸・渥・瑛・瑶・璃・甫・皓・眸・矩・碧・笹・緋・翔・脩・苑・茉・莉・萌・萩・蓉・蕗・虹・諒・赳・迪・遥・遼・霞・頌・駿・鳩・鷹

それから約十年間は人名用漢字に動きがなく、次に動きが起こったのは一九八七年のことだった。その年の二月に法務省は人名用漢字に関する要望を調査して、あらたに人名用漢字を増やす方針を発表した。それが一九八九年二月に法務大臣から民事行政審議会に諮問され、その答申が一九九〇年一月に出たのをうけて、さらに人名用漢字が追加された。この時の追加は合計で一一八字にもおよび、それはこれまでの追加で最多の字数だった。その一一八字とは、以下のようなものである。

伎・伽・侃・倖・倭・偲・冶・凌・凜・凪・凱・勁・叡・叶・唄・啄・奎・媛・嬉・宥・崚・嵐・嵯・巽・彗・彪・恕・憧・拳・捷・捺・於・旺・昴・晏・晟・晨・暉・曙・朔・杜・柊・柚・柾・栞・梧・椋・椎・椰・椿・楊・榛・槻・樺・檀・毬・汀・汰・洲・湧・滉・漱・澪・熙・燎・燦・燿・爽・玖・琳・瑚・瑳・皐・眉・瞭・碩・秦・稀・稜・竣・笙・紬・絃・綜・綸・綺・耀・胡・舜・芹・茄・茅・莞・菖・菫・蒔・蒼・蓮・蕉・衿・袈・裟・詢・誼・諄・邑・醇・采・雛・鞠・颯・魁・鳳・鴻・鵬・麟・黎・黛

それから七年の時間がすぎた一九九七年二月、沖縄県那覇市の役所に、名前欄に「琉」と記した男児の出生届が提出された。しかし「琉」は常用漢字にも人名用漢字にも含まれていなかったので、その届けは受理されなかった。

「琉」が名前に使えないと知った夫婦はしかしあきらめることなく、沖縄県民には「琉」という漢字に特別の思い入れがあるとして、那覇家裁に不服を申し立てた。那覇家裁は審理の結果、那覇市に出生届の受理を命じる決定を下し、やがて人名用漢字に「琉」一文字が追加された。

この年は普天間基地の移転問題をめぐって、沖縄は政治的に揺れに揺れていた。「琉」という漢字が名前に使えないことが問題とされたのはちょうどそんな時期で、まだ家裁の判断が出る前に、地元選出の参議院議員がこの問題を法務委員会で質問したところ、当時の法務大臣が「『琉』は沖縄県民にとって長い間にわたって日常生活で親しみを感じている漢字であり、その漢字を名前に使いたいという県民の心情は十分に理解できる。そんな字がなぜこれまで人名用漢字に入っていなかったのか、自分も不思議に思うので、法務省に調査を命じて早急に結論を出したい」と答弁した。その後ほどなく「琉」の字の使用を認めた那覇家裁の判決が出て、それをうけてこの漢字が人名用漢字に追加された。なおこのときの追加では、法務大臣がじきじきに、わずか一文字のみに関して個人からの要望に敏感に反応し、そしてそれをきわめて迅速に処理した。これまでの人名用漢字の推移から見れば、きわめて異例というほかはない。

それからあとも、名前にこんな漢字を使いたいという希望はたえず出されていた。

二〇〇四年に人名用漢字が大量に追加されるきっかけとなったのは「曽」という漢字だった。この「曽」を使った名前が札幌市に申請されたが、「曽」が当時では常用漢字にも人名用漢字にも入っていなかったので、当局は当然のようにその名前の受理を拒否した。ところがその親はその処置に納得せず、不服申し立てをおこなって裁判となった。

この裁判が地裁・高裁と進んだが、いずれも行政側の敗訴となり、とうとう最高裁まで争われた。そして二〇〇三年十二月に最高裁の判決が出たが、その判決は「曽」は常用にして平易であるから名前に使える文字に入っていない状態は違法である、したがって「曽」を使った名前が記載された出生届は受理されるべきである、というものだった。この最高裁の判決を受けて、法務省はすみやかに「曽」を人名用漢字に追加した。

その段階で裁判になっていたのは「曽」だけではなく、それ以外にも「こういう漢字を使いたい」という裁判がいくつかあって、いずれも法務省サイドの敗訴がほぼ確実だった。そこでこの際大幅に人名用漢字を増やそうということになり、二〇〇四年春からそのための審議会が作られ、最終的に四八八もの大量の漢字が追加された。いまではそれまでの常用漢字や人名用漢字と合わせて、三千字近い漢字が名前に使えるようになっている。ちなみに私もこの審議会のメンバーとして、多くの漢字の審議に携わったが、その内情については、別の項目にかいた通りである（六一頁以下参照）。

ＪＩＳ漢字について

人名用漢字の話が長くなってしまったが、私たちをとりまく三つ目の漢字規格が、ＪＩＳ漢字である。

日本には「日本工業規格」（JIS=Japanese Industrial Standards）というありがたいものがある。たとえば家のトイレの電球が切れて、子どもに電球を買ってきてと頼むときに、私たちはふつう電球のメーカーを指定せず、単に「六十ワットのものを一個買ってきて」というように表現する。あるいは何かの機械で乾電池が切れると、コンビニやキオスクで単に「単三の電池ください」と注文し、電池のメーカーは指定しない。それでも用が足りるのは、六十ワットの電球はこう作る、単三の乾電池はこう作るという仕様が公的に定められているからで、だからどこのメーカーの電球であっても、電気が点くわけである。

文字もそれと同じで、たとえばＡ社製の携帯電話からＢ社製の携帯電話にメールを送るときに、どちらの機械でも同じように文章が表示されなければ大変なことになる。携帯電話の中にはＩＣチップが入っているが、そのチップには電気信号しか流れていない。その仕組みをごくおおざっぱにいえば、たとえば「１２３４」という信号が届いたら「山」という漢字を出しなさい、「２４６８」という信号が流れたら「川」という漢字を出しなさい、と命令が入っているわけだ。もし仮にＡ社製の携帯電話で「１２３４」という信号で「山」という漢字が出ることになっているのに、その信号がB社製の携帯電話では「海」という漢字に結びついていれば、「夏に山へ行こうよ」と書かれたメールが、受けた側では「夏に海へ行こうよ」と表示されることになる。

この混乱を避けるためには、どこのメーカーの機械でも、ある信号が流れたら同じ文字が表示されるようにしておく必要がある。それは六十ワットの電球や単三の乾電池とまったく同じレベルであって、「日本工業規格」ではパソコンや携帯電話などの工業製品で漢字を扱うために、それぞれの漢字にいわば「背番号」をつけている。これを一般に「ＪＩＳ漢字コード」とよんでいる。

パソコンが低価格高機能化して、いまではコンピュータで漢字かな交じり文の文章を書く人がどんどんと増えている。また近年に発売されているパソコンでは、ＪＩＳの第三・第四水準に入っている漢字も使えるようになっているものが多い。かつてのコンピュータでは書けなかった「鄧」や「鷗」「驒」、あるいは内田百閒の「閒」なども、最新のコンピュータではたやすく書けるようになっているのだ。

ただ目下は残念ながら、これらの漢字をメールで送ると、受け手ではそのまま表示されないことがある。パソコンのＯＳがちがうことからそうなるのだが、しかしその問題ももうあと数年のうちに解決されるだろう。

「常用漢字」と「人名用漢字」と「ＪＩＳ漢字」の三つの規格が、私たちの日本語の現在と将来の姿に大きな影響をあたえている。そしてこれからの情報化社会の中で漢字を使っていくときに、その三つが非常に有機的に関連を取りあうという方向に進まないと、大きな混乱が発生するのは確実だ。

この三種はこれまで役所の縦割り行政の中で、別々の省庁によって管理されてきた。それはいまも基本的にその通りだが、しかし少しずつながらも相互に有機的な関連を持ちはじめている。私はたまたまその三つに関する委員会にいささか関係してきたので状況がある程度はわかるが、最近の会議を見ていると、種々のことがらが以前よりはずいぶんと合理的に処理され、わかりやすくなってきたものだと実感する。文字は文化の根底に位置するものだから、狭隘な縄張り意識など捨てて、全国家的視野で考えてほしいものだ、と切に希望する。

名前の漢字をめぐって

名前への思い入れ

若者と漢字

ここ数年、各地の大学から「集中講義」にこないかとしばしば声をかけていただいている。「集中講義」とは文字通り短期集中的におこなう講義で、遠隔地に暮らしていたり、あるいは長期出張などのために毎週定期的に講義できない教師が、特別に定められた期間に集中的におこなう講義である。とくに近隣地域にあまり大学がない地方の大学では、毎年のカリキュラムに恒常的に集中講義を設けているところもある。それぞれの大学の都合で、年末におこなうところもあるが、私にお声がかかるケースはだいたい夏休みの前後が多い。昨今の大学には教室にほぼエアコンが完備されているが、それでも教室を一歩出れば酷暑の季節である。そんなときに、朝の九時から夕刻四時前後までぶっ続けの講義が、それも四日間続けておこなわれるのだから（四日間で半期分十五コマが普通である）、教師にとっても学生にとっても、それはかなり厳しい講義である。

しかし悪いことばかりではなく、学生側からみれば、日頃は講義を聴けない教師が遠いところからやってくるのだからフレッシュで、また毎週決まった時間に出席しなければならない講義とはちがって、せいぜい四日間ほど我慢すれば効率よく単位が取得できる。いっぽう教師の側からみても、かつて同じ研究室にいた先輩や後輩にあえるし、講義のあとには旅先の美酒と佳肴が味わえる、という至福の時間がある。私はもともと旅行が好きだから、集中講義の依頼をいただいたら、二つ返事でとびつくようにお受けすることとしている。

さてそんな、こちらには無上に楽しい集中講義の最後の時間に、私はいつも受講生に対する課題として「私と漢字」というタイトルで簡単なエッセイを書くことを課している。集中講義においてももちろん単位を認定しなければならないから、なんらかの試験やレポートを課す必要がある。しかしわずか四日間ほどの講義だから、毎回レポートをださせることもできない。またせっかく熱心に講義を聴いてくれても、講義がすめば顔を合わせることもないから、その学生と日常的にコンタクトをとって研究指導ができるわけでもない。そんなわけで単位認定に関してもあまり専門的な課題が設定できず、ともすればお手軽な手続きで成績を処理することとなる。

決してほめられたことではないのだが、そんなわけで私は毎回「私と漢字」というタイトルでのエッセイを書かせることとしている。内容・分量ともに自由、一コマ（九十分）の時間内で書きなさいという設定だから、専門的な内容が書かれることはまずなく、ほとんどが軽い作文である。それでもそんな課題を講義の最後に課すのは、いまの若い世代が漢字に対してどのような印象や認識をもっているかを、大まかにでも把握したいからにほかならない。漢字についてなにか書け、と突然いわれた学生は、しばしのあいだ考えをこらしたあと、おもむろに用紙に鉛筆を走らせて、それなりに読み応えのある文章を書いてくれるものだ。

いまの大学生にとっての漢字とは、日本語を書くために欠かすことができない文字の一種であって、個人的に漢字に対する好き嫌いがあるのは当然だが、日本語の表記に漢字を使うべきではないとの発想はまったくない。ほとんどの若者は、かつて漢字は廃止すべきであるという議論があったということすら知らず、朝から晩まであたりまえのように漢字を使った文章を読み書きしている。

しかしそんな若者も、自分の名前に使われている漢字については、非常に明確な一家言をもっていることが多い。課せられた「私と漢字」というタイトルのエッセイで、もっともよく取りあげられるのが自分の名前に関する事柄で、それは両親から聞かされた命名の由来であったり、あるいは小学校のときの担任が自分の名前に使われている漢字をほめてくれたとの思い出であったりと、さまざまな内容だが、総じていえることとして、私たちは漢字のことを考えるときにまず自分の名前から考察をすすめる傾向が強い、ということである。そして名前に使われている漢字は、本人にとっては唯一無二の意義を持つもので、同音や同義であるからといって、他の文字で代替することは絶対に考えられないものなのである。「一郎」くんが「位置老」と書くことは絶対にありえないし、クラス名簿で「花子」さんを「鼻個」さんと書いたら、モンスターペアレントでなくても学校に抗議の電話がかかってくるにちがいない。名前は個人のアイデンティティであるとの認識はどこの国にもあるだろうが、日本ではそれが文字レベルにまで浸透しているのだ。

名前の流行

名前にはもちろん時代の流行がある。新聞に載っていた話だが、最近では「一二三」と書いて「ワルツ」と読む名前もあるそうだ。(株)明治安田生命が自社の顧客のところに生まれた新生児の名前を調査して毎年「名前ランキング・ベストテン」という、まことに興味深い資料を同社のホームページ(http://www.meijiyasuda.co.jp/profile/etc/ranking/)に掲載しているが、それをみると名前の流行の移り変わりが非常によくわかる。

いまの大学生は昭和末期から平成初期に生まれているが、その頃に多い名前は、男の子では「翔太・拓也・健太」、女の子では「愛・彩・美穂」などだそうだ。しかしその両親の世代での名前をみると、昭和四十(一九六五)年でのベストスリーは「誠・浩・修」と「明美・

真由美・由美子」だったそうだから、これだけからでも名前に対する感じ方が時代によってことなるることが感じ取れる。

ちなみに私が生まれた昭和二六（一九五一）年でのランキングは「茂・博・隆」と「和子・洋子・恵子」だそうで、たしかに平成二十（二〇〇八）年のランキング「大翔・悠斗・陽向」「陽菜・結衣・葵」などと比べれば、「オジンくさい」（オバンくさい）名前との感覚は抜けきれない。

ところでここまでに取りあげてきた名前は、すべて漢字で書かれている。もちろん名前にひらがなやカタカナが使えないわけではない（ただし変体仮名は、名前に関する唯一の法律である「戸籍法」によって、いまは名前に使えないことになっている）。

上掲の名前ランキングでは大正元年以後の名前ベストテンが掲げられているが、かな書きの男性名はそこには一例も出ていない。しかし女性にはかなで書かれる名前もよくあって、ほかでもなく本書の編集を担当してくださった方は「みちよ」さんだし、私の知人にも「しおり」さんと「こよみ」さんという姉妹がいる。

かつて女性の名前にはカタカナがよく使われた。名前ランキングをみると、大正時代初期には「ハル・ハナ・キヨ・ヨシ」などがベストテンに入っている。だが大正中期から昭和にかけては、ランキングにあげられる女性名も漢字ばかりになる。それがごく近年になって、「さくら」とか「ひなた」という名前がベストテンに登場してくる。ここにも時代ごとの名前に対する感覚の変化が感じ取れる。

表記に対するこだわり

一般的には、私たちは自分の名前に使われている文字を選び直すことはめったにない。もちろんペンネームや芸名、源氏名など戸籍以外の場で使う名前についてはどのように書こうとまったく個人の勝手だから、親からもらった名前が気に入らなければ自由に名乗っていいのだが、しかし戸籍の名前を変更するのはよほど特別の理由がなければ認められないし、手続きにもそれなりに手間と時間がかかる。

しかしかなで書かれた名前を持つ人には、自分の名前を自分でつけ直すことができる、いや、つけ直さなければならない、得難い機会が発生する場合がある。それは中国語を学習した人が、中国語で自己紹介をする場面になったときである。

毛沢東という人物の名前を私たちは「もうたくとう」と読み、李白という詩人の名前を「りはく」と読むのと同じように、中国人は日本人の名前を中国語での漢字音で発音する。だから山田さんは「シャンティエン」と発音され、田中さんは「ティエンチョン」と発音されるわけだが、中国人はひらがなやカタカナを読めないから、姓名に使われているかなは、中国ではあらかじめ漢字に直しておかなければならない。

中国の街角で売られている日本の音楽のＣＤ（おそらく海賊版）に「佐田雅志」と書かれていたので、私は「さだまさし」さんの漢字表記をはじめて知った。私の先輩で高名な中国文学研究者であった中島みどりさんは、中国では自分の名前を「中島碧」と書いておられたし、北京に暮らす友人の「さゆり」さんは、中国語の文章を書くときには「小百合」という表記を使っている。

自分の名前の中国語読みを調べて覚えることは中国語の学習者ならだれしも経験することだが、名前がかな書きの人は自分で漢字表記を考えなければならない。実際に講義を受けている学生で、かなの名前をもつ者（圧倒的に女性である）の中には、せっかく両親からもらって気に入っている名前なのにぃ…なんとかならないですかぁ…とぼやく学生もいたが、大多数の学生はこの作業に対しておおむね好意的に受け入れて楽しんでいるようだ。なかには自分の名前に好きな漢字を当てられるのは、かな書き名前の人間だけの特権だ、と喜んでいた者もいた。

あるとき沖縄県出身で「てぃだ」という名前の女子学生がいた。珍しい名前なので由来を聞いたら沖縄方言で「太陽」という意味とのことで、彼女は迷わず漢字名を「太陽」とした。これは非常に珍しい例であって、一般には「さくら」さんが「桜」という漢字を選ぶように、漢字の音読みか訓読みを使って日本語での名前の読みに置き換える。

しかしこのときにはそれぞれの漢字が持っている意味が大きな影響をあたえるもので、さきほど例であげた「みどり」さんだって、「緑」や「美登利」などでなく「碧」という漢字を選んだのには、きっと彼女独自の見解があったはずだ。同じように「しおり」さんなら「詩織」か「志織」、あるいは「志保里」などとし、「栞」を使うことはまずないだろう。「ふみこ」さんには「文子」「史子」「富美子」「芙美子」などたくさんの候補があるが、まちがっても「踏子」とはしないだろう。

漢字は表意文字だから、中国人も日本人も漢字を見れば、まっさきにそれがどのような意味であるかを考える。ところが、漢字で書かれる日本人の名前には、漢字の意味ではなく発音だけを使ったものが非常に多くある。私はそれを「万葉仮名式命名法」とよんでいるのだが、これもとくに女性に多いようだ。たとえば「由香利」さん。この女性の名前はおそらく「よすが」とか「血のつながり」という意味の和語「ゆかり」に由来するのだろうが、それを漢字で書くなら、本来は「縁」という書き方であるべきだ。しかし現実には「縁」と書いて「ゆかり」と読む名前はめったにないだろう（私が知らないだけかもしれないが）。そしてそれを漢字で「由香利」と書くのは、それぞれの漢字の発音だけを使って意味を切り捨てた使い方であって、まさに万葉仮名と同じ使い方なのである。

漢字の意味を使った命名なら、字種の違いが大きな問題となる。「誠」くんと「信」くんと「真」くんはいずれもマコトくんと読むだろうが、命名の理由や思惑がそれぞれの漢字に反映されているから、「信」くんに対して「誠」と書けば、それは非常に失礼なことになる。

だが万葉仮名なら使われているのは漢字の発音だけだから、「ゆかり」さんの名前を「由香利」と書いても「由佳里」と書いても「友加里」と書いても、本来はいいはずである。しかし実際に「由香利」さんに宛てた手紙の宛先に「由佳里」や「友加里」と書こうものなら、たちどころに不機嫌になられるのが目に見えている。それぞれの漢字の意味を機能させているのではないが、しかし全体としてはその漢字の並びがほかでもなく自分のアイデンティティなのである…。ここに日本人が名前の漢字にこだわる大きな意識があるといえるだろう。

人名用漢字追加のこぼれ話

突然の電話

二〇〇四年二月末のこと、自宅で調べものをしていると電話がかかってきて、先方が「こちら法務省民事局の〇〇という検事ですが」と名乗った。法務省の検事からいきなり電話がかかってきたら、だれだってびっくりするはずだ。おりしも霞ヶ関の某省庁での汚職事件がニュースになっていた時期だった。「えっ、何がばれたのだろうか…」というのは冗談だとしても、しかし本当に緊張したものである。

おずおずと用件を聞くと、このたび人名用漢字を見直すことになったので、ついては漢字を研究しておられる貴殿にもその委員会に入っていただきたいという依頼、あぁ、そんなことかぁ…とほっと胸をなでおろしたものである。

こうして「法制審議会人名用漢字検討部会」に入らせていただくこととなった。この委員会は民法学者を委員長とし、法曹界に属する関係官や国語学者・中国語学者など研究者のほか、文化庁国語課と経済産業省の関係官、それに新聞や放送業界のジャーナリストなどで構成された。

驚くべき名前の要望

四七頁に述べたように、二〇〇三年十二月に最高裁が「曽」を人名用漢字とするべきだとの判決を出してから、命名の漢字をめぐって係争中の裁判はほとんどが原告の勝訴だった。だからこれ以上裁判に負けるのはかなわない、とばかりに大量に人名用漢字を増やそうということになったようだ。

先にも述べたように、戸籍法によって、人名に使えるのは「常用平易な文字」と決められているが、その「常用平易」な漢字を見直すためには、「常用」という集合と「平易」という集合を確定しなければならない。その重なっている部分にある漢字が、ほかでもなく「常用にして、平易な文字」となるからだ。そしてそれとは別に、それまで民間から要望が出ていたいくつかの漢字も、人名用漢字への追加候補として検討された。

これまでにも、名前に使えない漢字が戸籍に申請されてきたときに、法務省はどんな漢字が希望として出てきたかをすべてチェックしてきたそうだ。全国には合計五十ヶ所の法務局があるのだそうで、そこで、いつどこでどんな漢字を使いたいとの希望があったかを、きちんと記録に残していたのである。

　その記録に残っている要望が多い漢字の多くは、すでに人名用漢字に追加されているが、なかにはびっくりする話もあって、私が驚いたのは、月ヘンに星という漢字だった。つまり「腥」という漢字だが、これで「アキラ」と読ませたいというのである。

　日本人の名前は、戸籍で使える漢字であれば、どのようによんでもかまわない。極端なことをいえば「春」と書いて「あき」と読んでもいいのである。

　なぜそんなことになっているかというと、それは戸籍には「読み」を書く欄がないからだ。戸籍には住所や両親の名前などは記載されるが、本人の名前をどう読むかを記載する欄がない。だからその漢字をどのように読もうが、それは本人の勝手で役所の関知することではない、というわけだ。

　そこで先ほどの「腥」だが、これでなぜ「アキラ」かというと、お日さまとお月さまがならんだら「明」るいじゃないか、《日》と《月》で《明》だったら《月》と《星》がならんでも「あかるい」になるじゃないか、ということらしい。

　ところがちょっと漢字に詳しい人ならよく知っているように、「腥」は「なまぐさい」という意味の漢字で、この漢字の要素になっている《月》は天体の「つき」ではなく「肉」を意味するニクヅキである。だからもしもその漢字で名前を付けられた「腥（アキラ）ちゃん」

がやがて大きくなり、自分で漢和辞典を引けるようになったら、「俺の名前はなまぐさいという意味だったのか」とびっくりすることになるだろう。

また同じように首をひねったのが、「惷」に対する要望だった。この字は《春》と《心》からできており、一見したところ「春のようなうららかな心」という意味をあらわすようにも思われる。それでこの字に対する要望が出ているのだろうが、しかし「惷」は「うごめく」や「乱れる」、あるいは「愚かである」という意味をもつ漢字で、「惷愚」といえば馬鹿者という意味になる。

もっと驚いたのは、「僾」に対する要望が非常に多かったことだ。「僾」はＪＩＳ漢字規格にも入っていない漢字で、そんなめずらしい字についての要望が出されるのは、この字が《人》と《愛》の組みあわせでできているからと推測され、その構造から「人を愛する心」とか、「人から愛される」という意味で命名に使いたいのだろう。しかしこの字はもともと「曖」の異体字で、「ほのかに見えるさま」とか「ぼんやりしている」という意味である。そんな意味の漢字であると知れば、だれだってかわいい子どもの名前に使おうとは思わないにちがいない。

世間には漢字について一家言を唱える方がたくさんいるが、できればその前に漢和辞典くらいは引いていただきたいものである。なおここにあげた「腥」「惷」「僾」はいずれも「常用平易」とは考えられなかったので、いまも人名用漢字とはされていない。

「常用」とは、「平易」とは

人名に使いたいとの希望があって、法務省で記録に残されていた漢字は、審議会が開かれたときにはかなりたくさんあった。要望がとくに多かったのは「撫」「芭」「桔」「梗」「萌」「舵」「煌」などで、なかでも「苺」に対する希望が群をぬいていた。娘や孫に「苺ちゃん」という名前をつけたいという希望がとくに多かったのは栃木県と福岡県で、イチゴの生産農家ではそこに生まれた女の子に「苺ちゃん」という名前をつけたいという希望が強いようだが、しかしこの漢字はそれまで名前には使えなかった。それが二〇〇四年に使えるようになってから、いまでは「苺ちゃん」という女の子がどんどん増えているのだそうだ。

さて人名用漢字に入る要件である「常用」とか「平易」とは、いったいどういうことなのだろうか。人名用漢字を考えるに際しては、なによりもまずその定義をしっかりと定める必要がある。これについて委員会は、その段階では人名に使うことができない漢字に統計学的処理を加えて詳細なデータを作成し、それに基づいて「常用」の集合と「平易」の集合を作り、その重なっている部分を「常用平易」とした。

最終的にはその「常用平易」な漢字が新たな人名用漢字候補となったのだが、しかし、そこには私の目には「暴挙」と思えることもあった。

一般に使われている各種の漢字データから「常用」という範囲を抽出すると、「糞」「屍」「姦」「嘘」「妾」などの漢字も当然その枠に入ってくる。このような漢字は一般の書物ではまさに「常用」なのだ。医学書では「癌」や「痔」が、小説では「淫」「呪」なども頻繁に使われているため、それらはまさに「常用」の漢字であるわけだ。

さらにここに掲げた漢字はＪＩＳ漢字でも「第一水準」に入っているので、その点から「平易」な漢字とも考えられる。よってこれらの漢字は「常用にして平易な」漢字であるから、人名用漢字に入る資格がある、と委員会は判断しようとした。

これに対して、私を含めて四人の委員が反対意見を述べた。クレームをつけた四人の委員が、いずれも文学部の出身であったことは、おそらく偶然ではないだろう。いくら常用であるとはいっても、人の名前に使える漢字とは考えられないから、そんなものを認めるべきではない、というのが私たちの意見だった。

それらの漢字はデータ処理の結果から見れば、「常用にして平易」であることはまちがいない。しかしいったいどこのだれが、子どもの名前に「嘘子ちゃん」とか「淫太郎」という名前をつけるだろうか。それは親あるいは人間としての良識の問題であって、こんな不快なイメージをともなう漢字を「人名用漢字」として追加するのは、審議会全体の見識を問われる大問題である、人名に使われるという点をもっと重視するべきだ、と私たちは強く主張した。

ところが法律や行政の立場でものを考える人たちは、私たちとは根本的に発想がちがっていた。法律家の考えからすると、適正な処理をおこなった結果として浮かびあがってきた漢字はほかでもなく「常用にして平易な文字」であって、その中から「糞」や「嘘」、「痔」「淫」などを不適当だとして外そうとするのは、阿辻委員や○○委員という特定の個人の主観によるものだ、個人の主観で結論をいじることは法務省としてはできない、法律は「子の名には常用平易な文字を用いる」と規定しているのだから、「糞」であろうが、「癌」であろうが、「常用平易」の漢字として「人名用漢字」の資格を持つべきだ、というのである。

さらに、役所の窓口で出生届を取り扱う人が一番辛いのは、「この字は使えません」と書類をつき返すことなので、できるだけたくさんの漢字を認めてほしいという現場の希望が述べられた。行政の現場を代表して出席していたある委員は、たとえば癌を絶滅するため研究に邁進している若き医者に男の子が生まれたとして、父親である医者が自分の願望を子どもに託して「癌克服」という名前をつけるとしたら、それは受理されるべきだ、とまで述べた。

法務省の本音

行政や法律の現場にいる人たちと私たちの意見は、まったく噛みあわなかった。なんどかの会議でこの問題に関して意見が交換され、私はすっかり仲良くなった検事さん（最初に電話をかけてきた人物）たちと、会議のあとに新橋の居酒屋でも一献かたむけながら「意見交換」をおこなったが、和気藹々の雰囲気のなかでも、お互いの主張はまったくかわらなかった。

最終的には会議日程に押し切られるかたちで原案が承認され、それが法務省のホームページで「パブリックコメント」にかけられた。パブリックコメントとは一般からの意見募集で、こういう人名用漢字を増やそうと思うがいかがだろうかという提案をして、一ヶ月ほど民間から意見を募集するのだが、民間からはものすごい数の批判が殺到した。「糞」とか「屍」とか「呪」とか「淫」とか、こんな字を日本人の名前に使えるようにするつもりか！　法務省はなにを考えているのだ！　と、それはそれは激烈な批判であり、それらの漢字を人名用漢字の候補として支持する意見はほとんどなかった。原案はこてんぱんにやられ、惨敗だった。私などは「ほら、だからいわんこっちゃない」と、あらためて自分たちの見解に自信をもったものだった。

ところが非難ごうごうのパブリックコメントが終わってから開かれた委員会では、法務省の関係者たちはまことに恬淡としていた。なかには「パブコメのおかげで、やっとこれらの漢字が削れますね」とよろこんでいた人もいた。

実際には彼らも「糞」や「姦」、「嘘」「痔」などを人名用漢字には入れたくなかったのだが、しかし法律・行政の立場からは「恣意的」に結果を処理することができないため、それらを削除するよりどころを必要としていたのだ。「委員会の中でこの漢字は不適当だという意見が出たから削る」のは、法律家のすることではないのである。そこでパブリックコメントで大量の批判が集まったのを論拠として、多数の漢字を原案から削除した。

文学部出身の私が法務省関連の会議に出るのは、あとにも先にもこれだけだろうと思う。その点でもこの委員会に参加できたのは得難い機会であったが、さらに法律家のものの考え方をかいま見ることができたのは、望外の幸運であった。

人名漢字はいい感じ

Ⅰ　苺 ～やさしいかたち～

娘の名前にぜひ「苺」を使いたいという要望が、各地の窓口にたくさん寄せられていたことは先にふれた。思えばこれまでこの漢字を使えなかったのが不思議でもあった。

むかし静岡県内の大学に勤めていたころ、十一月になると夜中まで畑のビニールハウスに煌々とあかりがついていた。はじめて見たときは理由がわからなかったが、聞けばクリスマスケーキ用のイチゴを促成栽培するためだという。国内で販売されるクリスマスケーキは膨大な数に達するから、晩秋のイチゴ産地では同じような光景が見られることだろう。

イチゴは商品としてカタカナで書かれることも多いが、名前に使う場合は当然漢字が使われる。

イチゴをあらわす漢字には「苺」と「莓」の二つがある。いまの中国では「莓」を、日本では「苺」を使う。十八世紀の中国で、皇帝の命令によって作られた『康熙字典』という権威的な辞書によれば、「苺」はイチゴを、「莓」はキイチゴを意味したようだが、品種ごとに漢字を使い分けるのは、業者にも消費者にも迷惑なことだ。それで日本も中国も、どちらか一つの漢字だけを使うようになった。

「苺」は植物をあらわすクサカンムリと《母》でできているが、《母》は文字全体の発音をあらわすとともに、イチゴの形が母親の乳房に似ていることもあらわしている。「苺ちゃん」たちがホニャホニャの乳飲み子からやがて母になったとき、自分の名前にゆかりがある母性器官で、子どもをやさしくはぐくんでいくことだろう。

だが色気ないおっさんが圧倒的多数を占めていた人名用漢字部会では、「苺」についてこんなロマンチックな話題が出ることもなく、この漢字はいの一番に、シャンシャンと「合格」が決まったのであった。

Ⅱ　凜～禾と示～

インターネットで新生児の名前に関する記事を調べたところ、二〇〇四年の九月に人名用漢字に追加された漢字のうちのいくつかが、「待ってました！」とばかりによく使われていることがわかった。

私が見たのは、（株）明治安田生命がおこなっている「名前ランキング」で、その二〇〇四年版が同社のホームページに掲載されている。これは同社の保険加入者を対象に、二〇〇四年に生まれた男の子と女の子それぞれ四千人あまりについて調査をおこなったもので、それによれば、多かった名前のベストスリーは、男子が「蓮」（三五名）、「颯太」（三〇名）、そして「翔太」と「拓海」（二四名）だった。

いっぽう女子でもっとも多かったのは「さくら」と「美咲」（ともに三九名）で、続いて「凜」が三〇名だったそうだ。

「凜」という名前が女子の第三位となっているのには驚いた。この漢字は二〇〇二年では女子の八位だったのが、〇三年に第四位となり、〇四年ついにベストスリーに入ったわけだ。

「凜」は「氷」を意味する《冫》（ニスイへん）と発音をあらわす《稟》（リン）からできた形声文字で、もともとは「寒い」ことを意味し、そこから「すさまじい」とか「厳しい」という意味に使われる。どちらかといえば男の子の名前に向いているような気が私にはするのだが、テレビドラマで少女の名前に使われたことが、人気の背景にあるらしい。

「凜」は一九九〇年に追加された人名用漢字の一つだが、この字には右下にある《禾》を《示》とする「凛」という異体字があり、そちらを名前に使いたいという要望も、これまで役所の窓口にに多く寄せられていた。それで省令改正を契機に、新たに人名用漢字に追加されたというわけだ。

「凛」は「凜」の俗字体だが、いまの日本で字体の正俗にこだわる人などほとんどいない。「凜」よりも「凛」の方がかっこいいと考える人も、それなりにたくさんおられるということなのだろう。そして現実に、先にあげた明治安田生命の調査では、第八十二位に「千夏」とか「日菜」、「奈々美」などという名前とともに、「凛」ちゃんが六人いると記されている。この子どもたちがやがて学校に入ったときに、名簿では「凜」と「凛」が区別されることになる。先生たちはきっと苦労されることだろう。思えば気の毒なことである。

Ⅲ　煌～ここまできたか～

「日本語が書ける電子式タイプライタ」というキャッチで、ワープロがはじめて発売されたのは一九七〇年代末期のことだった。最初は六百万円以上もする高価な機械だった。当時私は大学院の院生だったが、新聞でワープロ誕生を知り、その画期的な発明に「とうとうできたか」と快哉を叫び、同時にその価格にため息をついた。最初はとんでもない高嶺の花で、とうてい個人が買えるようなものではなかった。

それがあっという間に低価格化し、少々の無理をすれば個人でもなんとか買えるような機械になってきた。一九八三年の夏には、私はボーナスのかなりの部分をはたいて、机上に置ける自分専用のワープロを買った。いくつか「高機能」（あくまでも当時のレベルで）がついたのを買ったので、たしか二十五万円前後だったと記憶するが、もっと安い一〇万円台後半の機種もすでに発売されていた。

うれしくてうれしくて、暇があればずっと機械にさわり、用もないのに、いろいろと文章を書いたものだった。そんなある日、シルクロードに関する短い文章を書く必要ができたので、さっそく愛機を操作して「とんこう」と打ち、漢字に変換しようとしたところ、どうやっても「敦こう」としか出ない。あれ、おかしいな？　と思っていろいろ調べてみると、「煌」はＪＩＳ漢字規格で第二水準に入っている漢字であり、その機械では第二水準の漢字がほとんど使えなかった。

ＪＩＳ第二水準は特定の用途に使う漢字を集めた部分だから、一般的な文章を書く使い方には不要と考えられていたのだろう。もちろん当時のメモリーでは、ＪＩＳ漢字規格に入っている漢字のすべてを搭載するのが厳しかったという事情もあった。ともあれその機械で第二水準の漢字を使うためには、別売の「第二水準フロッピーディスク」を買わなければならなかった。たしか八千円くらいし、取り寄せるのに三日ほどかかった覚えがある。

そんな経験をもつ私には、「煌」があらたに人名用漢字に追加されたのは隔世の感をもたらすことであった。私たち中国屋にとって「煌」はまず仏教美術の宝庫として知られる「敦煌」に使われる漢字だが、「煌」は意味を示す《火》と発音をあらわす《皇》からなり、もともと「かがやく」とか「さかん」「立派」、あるいは「あきらか」という訓をもつ漢字である。名前の通り「煌々と」きらめく子どもが世間に増えていくのは、ほんとうにすてきなことだと思う。

Ⅳ 蹴 〜余計なお世話？〜

人名用漢字の追加候補を審議しているときに、民間からの要望が強い漢字の一つに「蹴」があると知って、ちょっと驚いた。

「蹴」は単純な構造の漢字で、「あし」という意味をあらわす《足》と、文字全体の発音をあらわす《就》の組みあわせでできた形声文字だが、もともと「足で強くふみつける」ということを意味していた。それが「ける・キックする」という意味で使われるようになったのは、地面に足を強く踏ん張って立ちあがるときの動作が、あたかも大地を蹴っているように見えるからである。日本ではあまり使われないが、急に様子を改めて姿勢をただすことを漢文では「蹴然《しゅうぜん》」という。

私の感覚では、「蹴」という動作には人をあしげにして強く攻撃を加えるというイメージがあって、たまにテレビドラマなどで見る暴力シーンや、まるで喧嘩としか思えない格闘技の光景が脳裏に浮かぶので、自分の子どもの名前にそんな漢字を使った名前をつけようとは思わない。しかし現実にはこの漢字を使いたいという要望がたくさん寄せられたそうで、その背景にはもちろん昨今のサッカーブームがある。「蹴人」と書いて「しゅーと」くんと読ませたい、という希望が非常に多かったのだそうだ。

これまで「蹴」が人名に使えなかったときには、次善の策として「修人」と書いてシュートと読ませるというやり方が多かったらしい。なるほどよく考えたものだが、「修」は「修学旅行」とか「修業」に使われるように、「勉強」とか「訓練」という意味あいが強く、スポーツに結びつきにくいところがあって、ちょっと違和感があったらしい。

だが二〇〇四年の人名用漢字追加によって、これからは堂々と「蹴人」と書けるようになったわけで、希望していた方にとってはまことにめでたい話である。

しかし…とアマノジャクはなおも考える。

シュートという名前をつけられた子どもが成長してサッカー以外のスポーツをやるようになったら、ちょっと困ったことにはならないだろうか。バスケットボールやホッケーにはシュートという動作があり、野球にもシュートという球種があるから、まったく無縁ではないという意味でなんとか救われるが、柔道や剣道、相撲、あるいは陸上競技、体操などをやったりすると、名前に関してからかわれるということにならないだろうか?

サッカーファンの親御さんから大きなお世話だとしかられそうだが、なんとなく気になることではある。

V　枇杷と葡萄　〜コンビ解消〜

二〇〇四年に追加された人名用漢字には、植物に関する漢字がたくさん入っている。もともと常用漢字の中にも植物名に使われる漢字として「桜」「梅」「桃」「松」「杉」「菊」などがあって、これらはずっと前から名前に使えたが、しかし植物の種類から見ればその数はあまり多くない。それは当用漢字表の「まえがき」に「動植物の名称はかな書きにする」とあって、その方式が現在の公文書にも影響をあたえて、動植物の名前がカタカナで書かれることが多いからでもあった。

しかし人名、とくに女性の名前においては植物の名前を使いたいという希望が多かったようで、一九五一年にはじめて「人名用漢字」が作られたときには「藤」「蘭」「蔦」が追加され、それ以後も一九七六年には「芙」「葵」「茜」「藍」が、八一年には「栗」「萩」「茉」「莉」が、九〇年には「芹」「茄」「蕉」「菫」「蓮」「菖」などが追加された。

そんな流れをうけて、二〇〇四年にもいくつかの植物をあらわす漢字が追加された。具体的には樹木に関して「枇」「杷」「柿」「桔」「梗」「檜（桧）」「榎」「榊」「樟」「柘」「檎」「葡」「萄」などがあり、また草については「葦」「菅」「蕪」「蕨」「蓬」「蒲」などが追加された。

これらの中でこれからどの漢字がどのように名前に使われるか、ちょっと興味深いところである。「苺」や「桔梗」などはそのまま女の子の名前に使えるきれいな漢字だし、リンゴの生産地に生まれた女の子に「林檎」という名前をつけることもできる。同様に「柿」や「蜜」「柑」が追加されたので、同じようにカキやミカンの生産地ではよろこんでいる方もおられることだろう。だが「蓬」とか「蕨」「蒲」「蕪」「苔」「藁」などは、いかに植物に関係する漢字であるといっても、実際に名前に使われることはそう多くないにちがいない。

それに《木》ヘンや《艸》カンムリがついていても、「枇」と「杷」や、「葡」と「萄」は、それぞれ「枇杷」「葡萄」と二字連なってはじめて「びわ」や「ぶどう」という植物をあらわすことばとなるもので、「枇」と「杷」や「葡」と「萄」という単独の漢字にそれぞれ意味があるわけではない。このように二字連なってはじめて意味をもつ漢字を「連綿字」というのだが、今後は連綿字の片割れを表音文字式に使った「杷美」ちゃんとか「萄太」くんというような名前がつけられていくのだろうか。漢字研究者にははなはだ興味があるところである。

Ⅵ 琥珀～どっちもいけます～

これまでとりあげた「苺」や「煌」については、以前から人名に使いたいという要望がたくさん寄せられていたそうだ。いまから思えば、それらが人名に使えなかったことがむしろ不思議に思えるもので、同じように要望が強かったという理由で人名用漢字に追加されたものに、「琥」と「珀」がある。

「琥珀」の二文字は、どちらもＪＩＳ漢字規格では第二水準に入っており、出版物における出現頻度数でも三五〇〇から三六〇〇位前後にあるから、データ的には「常用平易」とは認定しがたいものなのだが、要望の多さの点から、人名用漢字に認定された。

「琥珀」は古代の樹木の樹脂が千年以上にわたって地中に埋もれて化石となったもので、透明または半透明、さまざまな色のものがあるが、一般的には赤や黄色、または黄褐色のものが多い。硬いものだが加工は比較的容易で、アクセサリーとしてペンダントやネクタイピンなどに利用される。

もともと化石だから、内部にしばしば古代の昆虫などが含まれることもある。鉱物から作られる宝石では内部になにかが入っていると不純物と認識されて価値が下がるものだが、琥珀における昆虫は不純物とは考えられず、むしろそれが含まれていることによって価値が高くなるそうだ。

さて「琥珀」という名前は男児向けだろうか、それとも女児向けだろうか？ペンダントのようにアクセサリーに使われることから考えれば女の子向きのように思えるが、しかしウイスキーの飴色から考えれば、男の子の名前にも使えるような気もする。いずれにせよこれからは「琥珀」という名前の子どもが実際に登場してくるだろう。そのときに男女のどちらが多いか、いまから楽しみでもある。

ところで「琥珀」は「枇杷」や「葡萄」などと同じく、二字連なってはじめて意味をもつ「連綿字」である。「琥」や「珀」という単独の漢字に意味があるわけではないが、こちらもまた、「琥太郎」くんとか「美珀」ちゃんというような連綿字の片割れを表音文字式に使った名前がつけられていくのだろうか。

Ⅶ　乎 ～応用編～

二〇〇四年の追加によって「乎」が人名に使えるようになったので、すでにこの字を使った名前の出生届がきっといくつかは出ていることだろう。

せっかく人名に使えるようになった文字ではあるが、しかしこの「乎」という漢字が現在の一般的な日本語の文章に使われることはまずないといってよい。この漢字がＪＩＳ漢字規格でなぜ第一水準に入っているのか、私にはその理由がよくわからないのだが、ともあれ第一水準の漢字であることが主な理由となって、「乎」が「常用平易」な漢字と認定されたわけだ。しかしこれは明治時代から戦前までの論説文など、いわゆる「漢文」調の文章によく使われる漢字であって、だから現代人にはそれほどなじみがない。

「乎」は漢文でもそれだけを単独で使うことはなく、文章の最後に置かれて、詠嘆や反語、あるいは疑問など種々のニュアンスをあらわすために使われる。このようになんらかの意味をあらわすために単独で使われるのではなく、文中で文法的な機能を果たすだけの補助的な文字を、漢文の文法では「助字」といい、「乎」はその助字の中の代表的な文字の一つである。

助字「乎」がよく使われるのは疑問文の末尾であり、そのときの訓読では「か」、あるいは「や」と読まれ、「～であろうか」という疑問の意味をあらわす。この疑問の意味が発展して、さらに「どうして~でないだろうか」という反語を示すのにも使われる。漢文など読んだことがない、あるいは学生時代には勉強したがもうすっかり忘れてしまったという人でも、『論語』の「学びて時にこれを習ふ、また説《よろこ》ばしからずや」という文章を耳にしたことがあるだろう。その文末にある「や」は、実は「乎」を訓読しているのである。

「乎」はまた「かな」と読んで、「~だなぁ」という感嘆・詠嘆の意をあらわす助字にも使われる。たとえば「惜乎」で「惜しいかな」と読み、「怪乎」で「怪なるかな」(なんとも不思議なことだなぁ)と読むのだが、この「かな」という読み方が、もしかしたらこれからの日本人の名前に使われていくのではないかと私は想像する。「乎」は同じく「かな」と読む「哉」の代わりに使えるし、また「香奈子・加奈子・佳奈子」さんをすべて「乎子」さんと書くこともできるわけだ…という話を学生にしていたら、「そんなのありえない、『乎子』はココとしか読まれませんよぉ」と指摘されてしまった。

Ⅷ　魯　～なにをいっているのかわからない～

「魯」という漢字を見て、あなたは何を連想するだろうか。

古代中国の歴史や文化に興味のある方なら、その漢字を見てまっさきに連想するのは、孔子が生まれた国の名前だろう。現在の山東省西部にあった「魯」は、周王朝を建国した武王が実弟である周公旦にあたえた領地で、曲阜という街を都とした由緒正しい国であった。いまもそこには孔子と弟子たちを祭った中国最大の立派な「孔子廟」があって、国内外からのたくさんの見学客で連日にぎわっている。

いっぽう近現代の中国に興味をもっている方なら、魯迅という文学者を連想するだろう。中国近代文学の最高峰である魯迅の本名は周樹人というのだが、彼は母方の姓である「魯」と、「すばやい」という意味の「迅」を組みあわせてペンネームとし、『狂人日記』や『故郷』など数多くの小説を発表した。

しかし中国の昔にも近現代にもあまり興味がない人にとっては、「魯」はあまりなじみのない漢字だろう。だがそんななかで、年配の方なら一昔前はサケやカニの缶詰めを製造販売していた「日魯漁業」という名前の会社があったことを覚えている方もおられるだろう。「あけぼの」というブランド名で知られていた（株）日魯漁業は、一九九〇年に社名を（株）ニチロに変更したので、そのときから「魯」という漢字を使わなくなったが、それはもともと、北洋漁業における主要な漁場国であるロシアの漢字表記「魯西亜」の頭文字を使ったものだった。

いまの日本語ではロシアを漢字で「露西亜」と書くが、最初は「魯西亜」と書かれていた（江戸時代までは「をろしあ」とひらがなで書かれていた）。

日本がロシアとはじめて国交を開いたのは一八五四（安政元）年のことで、そのときに結ばれた条約の正式名称を「日本国魯西亜国通好条約」という。その長い名称を縮めて、また「日魯和親条約」と書かれることもあった。

ロシアははじめ「魯西亜」と書かれた。しかし「魯」という漢字に「おろか・ばか」という意味があることを嫌ったロシア側から苦情が寄せられて、一八七七（明治十）年からあと「露西亜」と書かれるようになった。

「魯鈍」ということばがあるように、たしかに「魯」には「おろか」という意味がある。それは「魯」を《魚》と《曰》（いわく、ものをいう）に分解し、まるで魚が話をしているように、なにをいってるかわからない、と漢字の意味を理解した結果である。

Ⅸ　俣～偶然の一致～

「俣」という漢字を見れば、私などはかつて中日ドラゴンズの名捕手として活躍した木俣達彦氏を思い出す。捕手としては野村克也・古田敦也両選手に次いで通算三位の安打数を記録した強打者だったが、一九八二年にエースだった星野仙一投手とともに引退し、そのあとは名古屋を中心にテレビやラジオで解説をされているとのことだ。

しかし「俣」は木俣選手の苗字よりも、熊本県にある「水俣」という地名に使われていることの方が、世間ではむしろよくなじまれているだろう。

「俣」はこのように姓や地名でときどき目にする漢字だが、二〇〇四年の追加によって、人名用漢字になった。だが実際にこの字を名に使っている子どもは、いったいどれくらいいるのだろうか。

「俣」という漢字は、日本で作られた和製漢字、いわゆる「国字」であり、いつごろだれが作ったものかはわからないが、八つの頭と八本の尾を持つヤマタノオロチという大蛇を『古事記』が「八俣遠呂智」と書いているので、かなり古くから「また」という訓で使われていたことがわかる。なおこの場合の「また」とは、「わかれているところ」という意味である。

ところでこの字の由来について、「まつ」と読む「俟」（これは中国から伝来した漢字である）の字形を少しかえ、訓読みも「また」とかえて読ませたもの、と一般の辞典などでは説明されている。しかし中国の古い辞典では「俣」という漢字の異体字として「俣」を掲載するものがある。

昔の中国人は「呉」という漢字をしばしば「吴」と書いた。「俣」のツクリにある「呉」を「吴」と書くと、結果として「俣」になる。だから中国の辞典にも「俣」があるわけで、そこから「俣」を国字ではなく、中国製の漢字であると考える人もいる。

「俣」は中国でもめったに使われない漢字だが、古い辞書には「大なり」という訓が見える。つまりそれは「大きい」という意味の漢字であり、「わかれているところ」という意味とはまったく関係がない。だから「俣」は中国と日本でそれぞれ別々に作られた文字が、結果として同じ形になったと考えられる。いわばまったく予期されなかった日中合作の結果だったというわけだ。

X　佛～それはいったいどこの国？～

「仏」は常用漢字に入っているので、ずいぶん前から名前に使えたが、その旧字体である「佛」も、二〇〇四年の追加で正規の人名用漢字に認定された。

「仏」と聞くとすぐに思い出す話がある。数年前に私のところにいた大学院生から聞いた話である。

その院生がかつて通っていた大学には、中国人の先生が初級の会話と簡単な作文を指導するクラスがあって、あるとき夏休みの計画を文章にまとめて提出せよという宿題が出たそうだ。

その講義を受けていた学生のなかに、両親が仕事の関係でしばらくパリに暮らしているという者がいて、夏休みに入るとすぐにパリにいく予定になっていた。それで彼が「夏はまずフランスに行って両親にあい、それからヨーロッパのいくつかの国々を旅行するつもりだ」との内容を、あまり上手ではない中国語でなんとかまとめた。

彼は作文のなかでフランスのことを「仏国」と書いたのだが、ところが先生は、この「仏」という漢字がわからない、という。この先生は中国人なのになんでこんな簡単な漢字を知らないのか、もしかしたら先生は、中国大陸でおこなわれている漢字の簡略化政策に反対しておられ、それでわざと知らないふりをしておられるのか、などと不思議に思いながら、その場で「仏」を「佛」と書き直した。

するとと先生は、たどたどしい日本語でインドやタイなど、フランスとはまったく関係のない国の話をしだし、話がまったくかみあわなくなったのだそうだ。

このトンチンカンの原因は、まず「仏」という漢字にある。漢字の形を大幅に簡略化しているいまの中国でも、「佛」の簡略体として「仏」を使うことはない。「佛教」のことを「仏教」と書いても、いまの中国人には通じないのである。だから日本にきてまだあまり時間が経っていない先生が、「仏」という字を知らなかったのは当然である。

しかし二人の会話がすれちがったより大きなトンチンカンの原因は、学生がフランスのことを「仏国」とか「佛国」と書いたことにあった。

中国語ではフランスを「法蘭西」、あるいは短縮形として「法国」と書くことになっていて、「佛国」と書いてもそれはフランスという意味にはならない。だから先生は「佛国」がフランスを意味しているとはわからず、それで東南アジアで仏教の信仰がさかんな国の話ばかりされたのだった。

日本の漢字文化

日本人と漢字の接触

漢字文化のひろがり

中国の周辺にある諸国は、早くから中国の高度な文明の洗礼を受けてきた。それは現実には自国に中国の文化を導入するというかたちで進行したが、この文化の伝播の中心にあったのは、ほかでもなく漢字であった。

そもそも「漢字」とは漢民族の言語である「漢語」を表記するための文字である。しかしその文字は単に中国国内だけでなく、東アジア一帯で使われる国際共通文字としての役割をも兼ね備えていった。こうしてこの地域には、漢字を通じて交流できる集団が形成された。これを「漢字文化圏」という。

漢字文化圏とは漢字を読み書きできる人々の集団であり、それは国家や王朝という政治的な枠や、それぞれの地域で使われる口頭言語の差異を超越するものだった。東アジアに位置する国々では、古代からごく近年にいたるまで、話す言語は国ごとにちがっていても、古代中国で書物や文書の記録に使われた規範的な文語文――この文体を日本では「漢文」という――を、漢字で綴りさえすれば、自由に意思を疎通させることが可能である、という状態が存在していた。つまり異国人どうしのあいだでも、一定の書式に準拠して漢字で文章さえ書ければ、通訳は不要なのであった。

この文化共同体は、いうまでもなく漢字の本家である中国を中心として、具体的には東は朝鮮半島に建てられた諸王朝と日本、西では「シルクロード」とよばれる東西交通の大幹線上に位置した国、それに南にあったベトナムなどの国が含まれていた。

日本人がはじめて接触した文字は漢字であった。しかしそれはいくつかの対象の中から選んだものではなく、選択の余地がないものとして目の前に漢字があった。だが文字を目にすることと、それを使いこなすことはまったく別のことがらである。九州や山陰に暮らした日本人なら、中国大陸や朝鮮半島の人々と接触することはめずらしくなかっただろうし、そのときに漢字を書き記した物品を目にすることもよくあっただろう。しかし古代の日本人がそれを「文字」と認識できた可能性はきわめて小さい。文字を使用するようになるには、一定の社会的成熟が必要なのである。

日中外交関係

日本がはじめて中国の文献に登場するのは『漢書』の「地理志」においてであり、その「燕地」の条の末尾に「夫《そ》れ楽浪《らくろう》海中に倭人《わじん》有り、分かれて百余国と為る、歳時を以て来たりて献見すという」という記述が見える。ここにいう「楽浪」とは前漢の武帝が朝鮮半島を植民地としたときに建てた国の一つで、現在の平壌《ピョンヤン》あたりにあった。そして文中の「倭」が日本を指すのは確実だから、当時「百余国」に分かれていた日本のどれかの国の使者が、前漢の時代にはすでに定期的に大陸にある国を訪れていたらしい。

『漢書』の記載はきわめて簡単なものだが、『後漢書』になるともう少し詳しい記載があり、その「東夷伝」に、後漢の建武中元二（西暦五七）年に、倭の「奴国《なこく》」からの使者が首都洛陽を訪れ、光武帝から印綬（綬は印章にとりつける紐。ランクによって色が定められていた）を授けられたことが記されている。

「倭」はそのあとも使者を派遣したが、やがて国内に混乱が生じ、中国へ使者を出している余裕がなくなったようだ。その混乱がおさまって、次に登場してくるのが卑弥呼《ひみこ》である。邪馬台国《やまたいこく》の女王であった卑弥呼は、景初三（二三九）年にはじめて中国に使者を出した。ときの中国の王朝は魏で、明帝は倭の女王を「親魏倭王《しんぎわおう》」に任じ、金印と大量の綿布や絹、銅鏡、真珠などをあたえたという。

このような朝貢による交流を通じて、さまざまな物品が中国から日本に渡ってきた。その中には印章のほかに、鏡や貨幣など漢字を記したものが多く含まれていたはずである。だが当時の日本の社会では、文字とはいったい何の用途に使用するものか、まったく理解できなかった。

中国から渡来した鏡をモデルとして、日本人が模作した鏡がこれまでにいくつか発見されている。この日本製の鏡の中には、オリジナルの中国鏡に鋳こまれている吉祥句（めでたい文句）を同じ場所に鋳こんでいるものがあるのだが、しかしその文章にはしばしば奇妙な箇所があって、たとえば十二支の順序をまちがったり（干支は漢字文化での基本中の基本である）、ヘンとツクリの位置を逆にしたりしている。当時の日本人は、漢字を単なる装飾としか理解できなかったようだ。「文字」そのものが伝来してきても、それを「文字」として認識するまでには、しばらくの時間と社会の成熟が必要だったのである。

このような中で、漢字は当初、もっぱら中国との国交を維持するためだけに使われた。『魏志』「倭人伝」によると、卑弥呼が送った使者に応えて、魏は正始元（二四〇）年に二人の官吏を倭に派遣して詔書と印綬を届けさせた。このときに届けられた皇帝の詔書は、おそらく紙に書かれていたと思われるし、ことばはもちろん正規の漢文で書かれていたはずである。

卑弥呼は魏からの使者が自国を訪れたことに感激して、再び「使いによって上表し、詔恩を答謝」したというのだが、そのとき卑弥呼はいったいなにに手紙を書いたのだろうか。当時の日本に紙を作る技術があったとは思えない。それなら竹簡か木簡を使ったのだろうか。だがかつて文字など使ったこともない人間が、いきなり木簡などを使ったとは思えず、それに木簡や竹簡で皇帝に手紙を書くのは、どう考えても不敬である。おそらく卑弥呼は、魏の皇帝からいただいた絹か紙を使ったにちがいないのだが、このときの日本にはまだ文字を書く環境すら整備されていなかったようだ。

そして「魏志」の文章をそのまま受け取るならば、卑弥呼の朝廷には正規の漢文による文章を作成できる人物がいたことになる。この答礼の文書を作成したのが日本人であったという証拠はどこにもないが、少なくとも卑弥呼は、漢字による文章の作成を渡来人の手を借りてでもおこない、答礼の上書を奉ったのであるから、ここに漢字をその本来の用途に即して使ったという、最も典型的なケースがある。当時の漢字の使用目的は、あくまでもまず第一に、中国への外交上の国際関係が中心であった。

このような状況からしだいに日本人は漢字の使用に習熟してゆくのだが、ところで、ここで考えておかなければならない大きな問題がひとつある。それは、漢字はもともと漢民族の言語を表記するために作られた文字であり、言語的にまったくことなる日本語を、なぜそれで書きあらわすことができたのか、ということである。

これは日本だけでなく、朝鮮やベトナムなど、かつて漢字で自国語を表記していた国に関しても問題となり、ゆえにこれは漢字文化圏成立のための最大の問題となるのだが、それは究極的には、漢字が表意文字であったからだといえるだろう。

表意文字の特性

表意文字は背景にある音声言語と切り離して、字形だけで本来の意味を伝えることが可能である。たとえばここに「山」という漢字があるとして、この漢字の意味を知るには、別にその字を中国語でどう発音するかを知っている必要はない。これがよくもあしくも表意文字がもつ最大の特性であって、漢字一字ごとがもつ意味と、それぞれの言語での単語の対応関係が、つまり右の例でいえば「山」という漢字が、日本語での「やま」という単語を意味するものであることが、たやすく理解できる仕組みになっている。こうして「山」という漢字の日本語での読み方が「やま」と定められた。これが訓読みである。

そしてそれとは別に、中国語でのその字の発音をそのまま自国の言語内に導入して（むろんこのとき若干の変化が起こるが）、それぞれの漢字の読みを定めることもできた。これが音読みで、これによってさらに漢字を表音文字的に使うことも自国の言語を表記することも自由にできた。「万葉仮名」という使い方がまさにその例である。

日本や朝鮮半島の諸国家、それにベトナムなどの国は、この二つの方法を組みあわせることで、漢字を自国語に適用できるようにしてきたのであり、表意文字としてのこの特性が、漢字が広い地域に伝播していったもっとも大きな要因であった。

奇妙な造語

漢字の大きな利点として、造語力がすぐれているという点があげられる。それは、以前には存在しなかった概念や事物が新たに登場したときに、漢字を使って命名するとだれにもわかりやすいことばができる、ということである。

この面では漢字はたしかに便利である。「漢字で作られた新語はどうしても長くなる」というのが欠点といえば欠点で、たしかに「後天性免疫不全症候群」よりも「AIDS」の方が短くて書きやすい。しかしそれではどちらがわれわれにとって理解しやすいかといえば、それは文句なしに漢字を使って作られたことばの方なのである。「AIDS」という表記を見てそれが「Acquired Immune Deficiency Syndrome」の略称であるとわかるのは、ごく一部の専門家だけである。

しかしこの新出概念をあらわす漢字熟語の作り方には、ときとしていささか奇妙なものも見受けられる。

「足温器」という電気製品がある。お使いの方もあろうが、これは足元だけをカバーするアンカのようなもので、使ってみるとまことに便利なものだが、しかしこれは、電気を作り出すことを「発電」といい、酒を飲むことを「飲酒」ということから考えれば、むしろ「温足器」と命名するべきだったろう。

「足温器」はしかしまだ意味が通じるから救われる。

「崇高商品」という名称を見たときは、それがいったいどういうものであるのか、さっぱり見当がつかなかった。これは大阪近郊のさるデパートへお歳暮を買いに行ったときに見かけたことばで、「ギフトセンター」に掲げられた商品配送料金の掲示のなかに使われていた。

「崇高商品」とはどういうものなのか、まさか仏壇でもあるまいし、といくら考えてもわからなかったので、係の人に意味をたずねたら、なんとそれは特別に大きいか重い、たとえばベッドとか洋服箪笥などのような商品（まさかこんなものを歳暮に送る人もいないだろうが）を意味するとのことであった。いったいどういう言語感覚をもった人が作ったことばなのか、しばらくのあいだは奇妙な感慨にとらわれたものだったが、その後ある人から、それは「嵩《かさ》高《だか》商品」の誤植にちがいないと教わって、ようやく疑問がとけた。

炊く前にあらかじめとぐ必要のない米が販売されるようになってから、もうずいぶんになる。米ビツから出して、そのまま洗米せずにいきなり水に浸けて炊ける米なのだそうで、一人暮らしの人やものぐさ族にはまことにありがたい商品らしい。

ところでこの種の米を業界では「無洗米」と呼んでいる。私が通勤で使うバスにも、車体に大きな文字で「おいしい○○無洗米」というような宣伝文句が書かれているが、「無洗米」という漢字の羅列を見れば、私は絶対にそれが「まだ洗っていない米」であると考える。しかし事実はその逆である。この名前はおそらく「洗」う必要が「無」い「米」という意味をこめて作られたものだろうが、こうなってくると漢字熟語の構造に慣れている人間は意味を取りちがえて当然ということになってくる。

このようなことは、いまにはじまったことではない。もともと「当用漢字」からしてすでにそうだった。私はこれまでずっと、「当用漢字」とは「当《まさ》に用いるべき漢字」であると理解してきた。漢文の語法に慣れた者なら、「当用」という字の組みあわせをおそらく確実にそう読み取るはずだ。しかしこの場合の「当用」とは、なんと「当座の用に供する」という意味であった。

そのことをはじめて聞いたとき、私はそれは嘘だと思った。そしてそれが事実であると知ったときには愕然とした。

「当座の用」を「当用」と縮める感覚をもった人々が制定した漢字規格であると思いながら、すでに過去のものとなった「当用漢字表」を眺めていると、これまでいろいろ感じてきた不合理性も、それなりに理解できるようではある。

電子辞書の漢字

『漢字の相談室』（文春新書）という題の本を刊行した。内容は、いろいろな場で私が受けた漢字をめぐる種々の質問について、当方が答えられる範囲で回答を提示したものである。

漢字ブームとやらの影響なのか、昨今は漢字をめぐってちょっと深い内容の質問を受けることがしばしばある。関西の経済人たちによる会合から講演に呼ばれたときのこと、話をおえて別室でお茶をいただいていると、六十すぎの男性が「ちょっとお伺いしたいことがあるのですが…」と話しかけてこられた。

数年前に会社をリタイアされたその方は、現役時代には商社で危機管理に関する部署におられたそうで、自己紹介とともに語られた話では、バブルのころには「営業が熱心なあまり」、公務員に対する贈賄の一歩手前にまでいたることもめずらしくなかったそうだ。

そんな話がひとしきりあって、それから漢字の話になった。

公務員の収賄を最近は「汚職」というが、戦前に作られた書類ではそれが「トクショク」

と書かれていた。それにはしかるべき理由があるのだが、そのことをある文章に書こうとしたところ、「トクショク」の漢字が出てこない。近ごろはもの忘れがひどく、昔なら簡単に書けた漢字を忘れてしまうことがよくあるのだが、そんなときにおりよく高校生の孫が帰宅したので、孫がいつもカバンに入れている電子辞書を借りて調べたら、びっくりするようなことを発見した、とおっしゃる。

この段階で、私には話のオチと質問の内容が見えたのだが、その場におられた方々は興味津々で聞いている。自分の話が注目されていると感じた元危機管理者は、やおら取り出したメモに字を書いて、「『涜』という漢字、みなさんわかります？　電子辞書にはなんと『涜職』と書いてあったのですよ！」といちだんと声をはりあげた。周りの人も、そんな漢字は見たことがないと同調し、いったいどういうことか、と私に説明を求められた。

答えを一言でいえば、「涜」は「瀆」の「拡張新字体」である、で済んでしまう。ＩＴ機器で使う文字コードに詳しい人にとっては、これはおなじみの問題である。しかしそんな人はごく少数で、ほとんどの人は「拡張新字体」など聞いたことがないだろう。

拡張新字体とは、当用漢字表で採用された漢字の略し方を、当用漢字表（およびその後継である常用漢字表）に入っていない漢字にも適用して簡略化した字体のことである。たとえば、「區」を当用漢字表（および常用漢字表）では「区」と書くこととし、あわせて同じく当用漢字表に入った「歐」を「欧」と書くようになったが、その方式を常用漢字表に入っていない「鷗」や「嘔」にまで及ぼして「鴎」や「呕」と書くのが、拡張新字体なのである。ここで問題とされている「涜」も、もともとは「瀆」と書かれていたのが、「續」を「続」、「讀」を「読」としたのに連動して、ツクリの部分を簡略化した、というわけだ。

携帯電話や一部のパソコンには、いまもこのような字体が登場する。それは一九八三年にJIS漢字規格を改定したときに、二十九種の漢字について拡張新字体を採用し、「醬」や「騨」、「禱」などにかわって「醤」「騨」「祷」が画面に表示されるようになった。

しかし常用漢字に入っていない漢字をどう書くかについてはそれまで規定がなかったため、この問題をめぐって国語審議会はもちろんのこと、文筆家やIT関連の企業などでもずいぶん議論され、その結果、いまの新しいパソコンでは本来の「醬」や「驒」、「禱」などが表示されるようになっている。

電子辞書についても、新しい機種では問題が改善されていて、「トクショク」や「ボウトク」はちゃんと「瀆職」「冒瀆」と表示される。しかし同じメーカーの電子辞書でも、ちょっと前のタイプのものなら「涜職」とか「祈祷」という表記になる。それは機械の内部に使われている漢字コードの年式によるのであって、パソコンならOSをバージョンアップすることで簡単に解決できる。しかし電子辞書は内部をいじることができないから、機械がこわれるまで、買った時の状態が続くということになる。

電子辞書には学生のユーザーが多く、いまの高校生や大学生は紙媒体の辞書よりも電子辞書にはるかになじんでいる。また新しいものを買ったとしても、それまで使っていたものは弟や妹（あるいは父母）に「お古」として回されることがよくある（わが家もそうである）。そしてそれは「辞書」であるがゆえに、ユーザーはそれに全面的信頼をおくのが普通である。そんな機械に「流職」や「冒涜」という書き方が表示されるのは、実に由々しき事態なのであるが、しかし古い機械が廃絶されるまではどうしようもないというのが現実なのである……と話したところ、同席していた老人のひとりがたちどころに、「よし、定額給付金が届いたらさっそく孫に新しい電子辞書を買いあたえよう」と宣言した。

殿様のきまぐれからできた漢字

仙台の空の玄関である仙台空港は仙台市の南に位置する名取《なとり》市にあり、その名取市の東部で太平洋に面したところに「ゆりあげ」という地域がある。海産物に恵まれたところで、なかでも名産の赤貝は東京の寿司屋を中心にひろく人気があるという。

この地名を漢字では「閖上」と書く。「閖」はめずらしい漢字だが、この漢字が作られたのには、以下のようないきさつがある。

平安時代のこと、この海岸に観音像が漂着し、波に「ゆりあげ」られていたのを漁師が見つけ、それ以来この浜を「ゆりあげ浜」とよぶようになった。

この段階では地名を漢字で書くことはなかったが、ずっと時代がさがって、江戸時代の仙台藩主伊達綱村《だてつなむら》が善提寺を参拝したおり、山門内からはるか東方の波うっている海岸を見て、「あれはなんというところか」と家来にたずねた。お側の者が「ゆりあげ浜にございます」と答えたところ、さらに「どのような漢字を書くのか」とのご下問。「漢字はございません」

との答えを聞いた藩主は、興趣を感じたのか、「この門の内側から水が見えるから、今後は門の中に水を書いて『閖上』とせよ」とおっしゃった、というのである（名取市制作のホームページ「伝えたい、残したい――などり百選」による）。

それにしても、なんというお気楽な話であろうか！

小高い山や丘の上にある寺院の門から海岸が見えるところなど、日本にも中国にもいたるところにあるが、この殿様のやり方でいけば、門の内側から遠望できる海岸はすべて「閖」という字であらわされることになるはずだ。しかし殿様はそんなことを気にされず、自分が見た光景だけで漢字を作り、それを「ゆりあげ」という土地をあらわす漢字と定められた、というわけだ。

藩主から漢字を「賜った」のだから、土地の住民にとってはまことに「ありがたき幸せ」であっただろう。それを「殿様の気まぐれ」などと称するのは、不敬のきわみかも知れない。しかしなにはともあれ、「閖」はこうしてこの海岸を意味する地名として使われることとなった。

地名がその土地だけで使われるのだったら、だれがどんな文字を使おうがまったく自由である。しかし行政システムが整備され、戸籍が作られてくると、地名がその地域だけで使われるものではなくなってくる。

　そんなわけで、戸籍の電算化とともに、コンピューターで漢字を使うためのＪＩＳ漢字規格に「閖」が収録された（第二水準に入っている）。だから「閖」はいまではパソコンのみならず、携帯電話でも簡単に表示できる。教室で学生諸君に協力をたのんで確認したところ、ほとんどの機種で「ゆり」を変換していくと最後の方に「閖」が表示されるようになっている。

　殿様のちょっとした興趣から作られた漢字が、いまやＩＴ機器にかかわる国家規格にまで取りこまれた、というわけだ。伊達の殿様はいまごろきっと墓のなかでほくそえんでおられることだろう。

五月蠅い季節

二十四節気のひとつに「啓蟄《けいちつ》」という、難しい漢字で書かれる日がある。陽暦三月五日前後だが、「蟄」はまた「蟄居」ということばにも使われているように、もともと「かくれる」「こもる」という意味、「啓」は「ひらく」と読む漢字だから、「啓蟄」は土のなかで冬ごもりしていた虫が地面にはい出してくる頃、という意味だ。

ほとんどの虫はこのころから夏にかけてが活躍期である。とくに陽気がよくなってくると、食品のまわりに蠅がブンブンと音をたてて飛び回るようになる。

蠅はバイ菌を運ぶ不潔な害虫だが、ただ単に顔や身体の回りを無神経に飛びまわっているだけでも、ひどく腹がたつものだ。それで昔の人は「五月蠅」と書いて、「うるさい」と読ませた。まるでクイズのようだが、いわれてみたらなるほどと思える、古代人のウイットを感じさせる書き方である。

だがそれはどうして「五月」なのだろうか。この五月は陰暦だから、いまのカレンダーでは六月前後になる。最近は衛生面の改善が進んだおかげで、昔に比べて蠅がめっきり少なくなった。しかしもちろん、全滅したわけではない。

「五月蠅」は難読熟語ばかり集めた本には必ず載せられている常連の熟字訓だが、しかし「五月蠅」には「うるさい」のほかに「さばえ」という読みがあることは、案外知られていない。

「さ」は「さつき」の「さ」で、五月のこと。これに「〜のように」という意味の接尾語「なす」をつけた「さばえなす」は、「騒ぐ」とか「荒ぶる」、あるいは「沸く」にかかる枕詞《まくらことば》として使われた。いまならさしずめ、国中が沸き立ち、大騒ぎするゴールデンウィークにかかる枕詞とでもいうところか。

「蠅」という漢字は《虫》と《黽》（ボウと読む）とからできている。この《黽》は本来はカエルを意味する文字だったのだが、ほかの文字と組みあわされてカエル以外の動物をあらわすこともある。

いまから二千年近く前に作られた『説文解字《せつもんかいじ》』という字書によれば、《黽》のつく字であらわされる動物には「丸い」か「大きい」という共通点があって、たとえば《敝》と《黽》からなる「鼈」はスッポンだし、《敖》と《黽》からなる「鼇」は大亀の一種である。ほとんど使われない漢字だが、《単》と《黽》を組みあわせれば、大きなワニを意味する字となる。

こう考えてくれば、ハエのように小さな虫に《黽》がついているのは不思議なのだが、『説文解字』の説明によれば、それはハエの腹が、頭などほかの部位に比べて異様に大きくふくれているからだという。


ブンブンうるさい青蠅が、垣根にとまっている。

でも殿様、あの蠅のようなやつらのいうことなんか、どうかお聞きめさるな。


中国最古の詩集『詩経《しきょう》』にある「青蠅」という詩の一節で、この詩に出てくる蠅は、権力者の前で白を黒に、あるいは黒を白に、自由にいいくるめるゴマスリの家臣の象徴として使われている。

食べ物の上などをうるさく飛びまわる蠅は、中国でも日本でも近頃ではずいぶん減った。しかし社会の嫌われ者である「蠅」が一向に減らないのは、実に困ったことである。

漢字の履歴書

I　芸と藝——略字について

儒学の経書のひとつである『周礼《しゅらい》』によれば、古代中国の学校では貴族の子弟に対して「六藝《りくげい》」というものが教えられていたという。「六藝」とは知識人として最低限身につけておかねばならない六種類の教養科目で、具体的には「礼・楽・射・御・書・数」（作法・音楽・弓術・馬術・文字・算数）を指す。このような必須の教養科目を「藝」という字でよんだのは、もともと「藝」が樹木や草を植えることを意味する漢字であったことに由来する。つまり土に何かを植えることから、人間の精神に何かを芽生えさせる教養科目もその字で表現したわけだ。心の中に豊かに実り、やがて大きな収穫を得させてくれるものが「藝」であれば、その代表はなんといっても学問である。

「藝」は本来このような意味だったのだが、それがのちに「藝術」とか「工藝」という意味で使われるようになったのは、英語の art ということばが中国に入り、その訳語としてこの字が使われるようになってからのことである。

そして戦後の日本では、これを「芸」と書くようになった。それはたまたま「藝」の上と下の部分を組みあわせれば「芸」という形になるからという理由である。

しかし「芸」は本来「藝」とはまったく関係のない漢字だった。そして早い時代には日本においても、「芸」と「藝」は別の漢字として、区別して使われた。そのことを示すもっとも有名な例は日本最古の図書館の名前で、それは奈良時代末期に石上宅嗣《いそのかみやかつぐ》が自分の旧宅のなかに設置した書庫「芸亭」というものであるが、この「芸亭」を「ゲイテイ」と読むと、学のないやつと笑われる。これは「ウンテイ」と読み、「芸」（音読みはウン）は香り草の名前で、この草が発散する香りは虫避けに効果があって、古くは書物を保存しておくところには防虫剤としてこの草をおいておく習慣があった。要するに除虫菊のたぐいの草で、日本最古の図書館の名前に「芸」が使われているのも、そのためにほかならない。

このような用例と事実が過去にあったにもかかわらず、のちに「芸」を「藝」の略字として使ったのは、漢字を知らない無知のなせるわざ、といわれても反論できない、浅はかな行為であった。ちなみにいまの中国で使われる簡体字では、「藝」は「艺」と書かれる。これは「藝」と「乙」の発音の近似を利用した「現代版の形声文字」であるが、中国では「藝」の代わりに「芸」を使うことは絶対にない。

上に、「現代版の形声文字」と書いた。「形声」とは漢字の構成原理である「六書《りくしょ》」の一つで、字形を構成する要素の中に表音機能を果たすものを含む方法である。これまで作られてきた漢字の半分以上、おそらく七割以上がこの「形声」の方法で作られたものであるが、この方法は、ある漢字の字形を簡単にしようとするときには、現代でも有効に作用する。

現代中国の簡体字にも、この形声の方法で作られたものが多くある。「鐘」を「钟」と書き、「遷」を「迁」と書くなど、その例は枚挙にいとまがない。

ただこれらが中国人によって作られた漢字であるといっても、その制作が妥当でないと思えるものがまったくないわけでもない。

たとえば「進」を現在の中国語では「进」と書く。これも現代版形声文字といえるが、しかしこの字は全体として jìn と読まれるにもかかわらず、音符（表音機能をもつ構成要素）として使われている「井」は、中国語では jǐng と発音される。つまり jǐng と読む音符で jìn の発音を示そうとするわけだ。jìn と jǐng なら大してちがわないではないかと考えるのは中国語を知らない人の暴論であって、中国語の学習経験がある人なら、発音練習の段階で、音節末尾に来る n と ng のちがいについてさんざん苦しめられたはずである。両者はどちらも日本人の耳には「ン」と聞こえるが、n は「案内」の「ン」、ng は「案外」の「ン」であって、それは中国語では完全にちがう音として区別されると教えられる。それが、「進」の正規の簡体字として作られた「进」字においては、中国人自身によって混同されているのである。

　現在では中国でも日本でも、本来の正しい字形を省略したり変化させた形が、正規の字形として使用されることがめずらしくない。そのことの功罪を論じる余裕はここにはないが、ただ確実にいえることは、本来の字形に改変を加える段階で、漢字に関する正確な認識や知識をふまえずに操作が加えられることがかつてなんどかあったという事実である。「芸」を「藝」の代わりに使うのはその最たるものであるが、しばらく前までのパソコンやワープロ、あるいは現在の携帯電話などの画面では、「冒瀆」の「瀆」が「冒涜」などという、従来の漢字に関する常識からは考えられない形で表示されるのを見ていると、私はこれからの漢字文化について暗澹たる気持ちにならざるを得ない。

Ⅱ　正と征——古今字について

それぞれの漢字が最初に作られたときにあらわした意味を「本義」といい、この漢字の本来の意味を明らかにすることは、現代の日本人にも大変に好まれるテーマである。

だいぶ前のことだが、漢字の成り立ちについてアニメーションを使って説明したテレビ番組が放送されていて、なかなか高視聴率をあげたらしい。また出版の分野でも、漢字の字源を解説した書物がこれまでたくさん出版されており、その中にはごく通俗的な書物から、相当に専門的なものまでさまざまな種類がある。

しかし字源の解釈は往々にして恣意的なものになりがちで、そこにしっかりとした方法論がなければならないことはいうまでもない。その点で、これまでの字源研究でもっともよく使われた方法は、甲骨文字や金文などに見えるもっとも古い字形に「六書」の原則を適用して解釈を導くということだった。しかしただ単に古代文字の字形と六書だけから漢字の本義を考えるのは困難であることもよくあって、そんなときには他方面から解釈の糸口を求める必要が生じてくる。

他方面からあたえられる手がかりの一つは、古代の文献におけるその字の用例である。漢字には「一字多義」といって、一つの文字がいくつかの意味をもつということがよくあるが、どんな漢字だって、それが作られたときはただ一つの意味をあらわしたにちがいない。それがほかでもなく本義で、ほかの意味はそこから派生していった結果としてできたものである。そしてあとからできた派生義で使われるのがむしろふつうとなってしまい、やがて本義が忘れられてしまった漢字もある。いわば「ひさしを貸して母屋を取られた」ようなものだが、しかしそのような漢字でも、古い時代にその本来の意味で使われた用例が文献に残っていて、それによって古代文字の字形が合理的に解釈できることも、決してめずらしくない。

そんな例として、古典でも現代でも中国語の否定詞として使われる「不」という字について考えてみよう。

中国最古の文字学書『説文解字』では「不」は、

 鳥飛びて上翔し、下り来たらざるなり。

と記されている。すなわち鳥が空に向かってまいあがり、下におりてこないことから、否定の意味をもつとされている。しかしその解釈はかなりあやしげだし、小篆の字形を鳥が飛びあがる形と見るのも、かなり苦しいところである。

「不」は甲骨文字や金文ではのように書かれるから、『説文解字』が掲げる小篆は、本来の字形からかなり変化したものである。さてここで「不」という字の古い時代での用例を探してみよう。「不」はもちろん否定詞として使われたものが圧倒的に多いが、それ以外に、『詩経』の「常棣」という詩に、「常棣の花、鄂不韡《い》韡《い》たり」（韡韡は光り輝くさま）という表現がある。「鄂不」とは「萼不」、すなわち「花のがく」のことであり、このことを念頭において甲骨文字や金文の「不」の字形を眺めると、それはどうやら花のがくをかたどったものと見えてくる。そして実際にその意味で使われた用例があるのだから、「不」とはもともと「花のがく」を本義とする漢字であったと推定されるわけだ。

本義を解釈する手がかりの二つ目は、「古今字」である。ある漢字が本義からほかの意味に派生し、やがて本義以外の意味で使われるのがふつうになったとき、その字の本義をあらわすためにもとの漢字に別の要素を加えた新しい漢字が作られることがあり、このような関係にある漢字群を「古今字」という（さらに細かく区別すれば、先に作られた漢字を「古字」、あとで作られた漢字を「今字」という）。例えば「莫」と「暮」、「然」と「燃」、「正」と「征」などがその例である。

「莫」は古い字形では《茻》が上下に配置され、真ん中に《日》があった。つまり草むらの中に《日》＝太陽が没する形から、もともとは「日暮れ」を意味する漢字だった。ところがこれが「仮借《かしゃ》」（発音を借りてほかのことばをあらわす方法）によって、「〜なし」とか「〜するなかれ」という意味で使われるのがふつうになったので、改めて「莫」にさらに《日》を加えた「暮」が作られた。だから「暮」には「太陽」を意味する《日》が上と下に二つ使われている。

「然」は《火》と《犬》と《肉》からなる会意の字で、犠牲として供えられた肉を焼くことを意味する字だった。杜甫の詩に「山青くして花然《も》えなんと欲す」（「絶句二首」のうちの二）とあるのは、「然」の本義を使った数少ない用例の一つである。しかし「然」がやはり仮借によって、「自然」とか「天然」などの熟語にあるような「しかり」という意味で使われるのがふつうになったので、そこで「然」の本義をあらわすために、「然」にさらに《火》を加えた「燃」が作られた。この字にも《灬》（レンガ、火をあらわす）と《火》が重複して使われている。

「正」という漢字の上にある横線を取り除くと「止」となるが、「止」は甲骨文字では「」と書かれ、もともと人間の足跡の象形文字であった。そして現在の「正」の字形で「一」となっている部分は、古くは《■》または《口》というように正方形の形に描かれていた。この■または口は、壁で囲まれた集落を示す。古代中国では、人が暮らす集落は、外敵や野獣の襲撃を防ぐためかならず土を高く積んで上からつきかためた壁で囲まれていた。それがのちの城壁になるのだが、「正」という字は、そのような壁で囲まれた集落に向かって人が進んでいる形であり、その集落に向かって攻撃をしかけている形を示している。

「正」はもともと他者に対して戦争をしかけることをいう文字であった。ところが「勝てば官軍」で、いずこにおいても勝者が正当性を確保するため、「戦争」を意味したこの字がやがて「ただしい」という意味を示すのに使われるほうがふつうになってしまい、「正」の本来の意味がしだいに忘れられてしまったので、あらためて「道路・行進」を示す「彳」をつけた字で、元来の意味を示すようになった。こうして作られたのが「征」である。

ちなみにラッパのマークでおなじみの整腸剤は、もともと「露国」(ロシア)を「征伐」しに出かける兵隊さんのために作られた薬であり、だから「征露丸」と命名された。それが戦後に政治的情況によって「征」を「正」に置き換えたのが現在の薬品名であり、だからあの薬のパッケージには、日露戦争で使われた信号伝達用のラッパが描かれているのである。

Ⅲ　月と肉月——部首のはなし

十人十色とはよくいったもので、世間にはさまざまな趣味の方がいるものだ。かつて私は、各出版社から出ている漢和辞典を次々に読破するのが大好きだ、という方から手紙をもらって、心から驚いた経験がある。

しかしこのような方はむしろ少数派で、一般には漢和辞典にはどうもつきあいにくいというイメージがあるようだ。高校生以上の生徒がいる家なら、少なくとも一冊は漢和辞典があるだろう。しかしそれは多くの場合本箱の片隅にころがったまま眠っていて、めったなことでは引かれない。

国語辞典や英和辞典にくらべて漢和辞典が冷遇されるのは、やはりそれが引きにくいからにちがいない。語彙が発音順に配列されている国語辞典や英和辞典にくらべて、漢和辞典の引き方ははなはだ複雑である。

もちろん漢和辞典にも音訓索引がある。しかし読み方がわからない漢字を調べるときにはそれはまったく役に立たない。そして往々にして漢和辞典の出番は、読みがわからない漢字に出くわしたときに回ってくるのである。

漢和辞典にはふつう三種類の索引があり、音訓索引以外に、総画索引と部首索引がある。そのうち総画索引がもっとも使いにくく、探す漢字の画数を正確に計算するにはかなりの熟練を要するものだ。印刷物に使われている明朝体の字形では、「比」も「牙」も五画に見えるが、しかし漢和辞典ではどちらも四画になっている。そんなのは序の口で、「凹」と「凸」はどちらも五画、「亜」の旧字体である「亞」は八画、「興」が十六画だというのは、この作業にかなり慣れた人でないとなかなかわからないだろう。

結局、漢和辞典を使いこなせるかどうかは、部首索引を引けるか否かによるといっても過言ではない。もちろん「江」の部首はサンズイで、「芝」ならクサカンムリだというのは日本人にとって常識である。しかし小学生用のものなどをのぞいて、大多数の漢和辞典には「氵」という部首は設けられておらず、「江」は四画の「水」部にある。同様に「芝」を調べるためには六画の「艸」部を見なければならない。

さらに難しいのは以前と現在では字形が微妙にかわったもので、たとえば「巨」が伝統的な辞書で「工」部に所属しているのは、本来の字形が「巨」であったからだ。「巨」は取っ手のついたさしがねを手に握っている形で、本来は定規・コンパスのことだった。この意味はのちに「矩」という字であらわされるようになったが、しかし当用漢字・常用漢字で定められている「巨」という字形では、この字がもともと「工」部の字であることなどわかるはずがない。

漢和辞典の六画に《臼》という部がある。あまりメジャーな部ではなく、手元にある小さな漢和辞典では、部首字の「臼」以下、「臾」「昇」「舂」「舅」など十一字が収録されているにすぎない。うち常用漢字に入っているのは「興」ただひとつだけである。

しかしかつての《臼》部には、あと二つ、非常によく使われる漢字が入っていた。それは「与」と「旧」で、「与」はもともと「與」と書かれたから、当然《臼》部に所属する漢字である。またもう一つの「旧」も、「舊」が本来の字形だから、こちらも《臼》部に所属するべき文字である（ちなみに《隹》をフルトリというのは「ふるい」という意味の「舊」の中に含まれていて、「トリ」を意味する要素だからである）。

ところが戦後に当用漢字が制定されて漢字の字形が改変され、二つの漢字は「与」と「旧」が正規の字形となった。それからすでに半世紀以上の時間がたち、「與」や「舊」など見たこともない若い世代が圧倒的多数になってくると、それらの漢字を《臼》で引かせることなど、まったく不可能と考えられるようになった。それで最近の学習用漢和辞典では、小学生用のものはもとより、高校大学生から大人が使うものまで、多くのものが「与」を《一》部二画、「旧」を《日》部一画の漢字として収めている。伝統的な部首法が現代の日本式に「バージョンアップ」されたということなのだろう。

漢字を配列するのに「部首」という概念をはじめて使ったのは、後漢の許慎が著した中国最古の文字学書『説文解字』（西暦一〇〇年成立）であった。『説文解字』は合計五四〇からなる部首を設けたが、しかしそれは深奥な哲学による所産であり、文字の検索ははなはだ不便だった。

『説文解字』では、ほかの文字に対して「意符」として機能するものが部首字とされた。たとえば「思」は《心》を意符とする字だから当然「心」部に収められるはずだが、しかし「思」はまた「慮」の意符ともなっている。それで『説文』では「思」という部が建てられた。こうしないと「慮」を収める部がないからである。

これは文字学的にはもっとも正しい方法といえるが、しかしすべての文字についてこの原則で部首を建てると、部の数がやたらと増えて複雑になるばかりである。それで後世の字書では、漢字をより簡単に、よりスピーディーに引けるようにと、種々の工夫をこらしてきた。

こうして時代を追うごとにいくつかの部首が整理統合され、また単に字形を整理するためだけの、「丨」や「丶」という部首字などが設けられて、部首の数が時代とともに減少してきた。現在使われている部首法は一七一〇年に完成した『康熙字典』のもので、それは二一四部からなりたっている。

この部首法の特徴の一つは、部首字が画数順にならんでいることで、これによって部首字そのものの検索も格段に容易になった。「日」と「月」、「水」と「火」、「魚」と「鳥」など、互いに関係がありそうな部が隣りあっていたり、近くにあるのは、もちろん意味的関連性もあるが、その前にまず画数が同じである、という大前提がある。

　そしてこの『康熙字典』が、勅命によって編纂されたという理由で、それ以後の漢字に関する書物の規範となった。現在の日本の漢和辞典の多くがこの部首法を踏襲するのもそれと同じ理由による。

　しかしここまでの整理統合に、まったく問題がなかったわけではない。とくにしばしば混乱を招くのが「月」と「肉」である。

　楷書では「肉」と書かれる文字は、小篆（『説文解字』が基準とした書体）では「」と書かれる。一方、空に浮かぶ天体のツキは小篆では「」と書かれる。両者は小篆でははっきりと別の形である。しかしそれがのちにはどちらも同じ字形になった。

「肉」は祭祀に供えられる動物の切り肉をかたどった文字である。この字は単独で使われるときには「肉」と書かれ、ほかの字を構成する要素として使われるときには「月」と書かれるようになった。「胴」や「肌」という字の部首となっている「月」がそれで、この部首を日本では「ニクヅキ」という。

『康熙字典』によれば、ニクヅキと天体のツキとはもともと字形が微妙にことなっており、ニクヅキは中央の二本線を左右にくっつけて書き、ツキは二本線を左にくっつけ、右にはつけないのが正しいとする。なぜならニクヅキの二本線は肉に走っている筋目を示すものだから左右にくっついており、ツキは周期的に満ち欠けするから、片側にはくっつかないのだと説明される。しかしそれははなはだ微妙な差異であり、実際にはほとんど区別されず、同一の形で記されたようだ。『康熙字典』の部首にはこのように字源にまでさかのぼった区別が随所に見られる。しかしこのようなものまで区別していたのでは大変だからと、日本や中国で最近出版される字書では、検索がより便利なようにと部首に適当な改変が加えられていることが多い。

部首の改変によって、漢字の学習がより便利になるのはいいことだ。しかしそれは同時に規範の喪失にもつながり、『康熙字典』以後に蓄積された膨大な文化遺産が、これによって横のつながりを失い、混乱することもまた事実なのである。

漢和辞典のジレンマがそこにある。

漢字の特質

漢字は情報カプセル

ひとつの原始人物語

突拍子もない話からはじめさせていただく。いまあなたは原始人である。洞窟に家族とともに暮らすあなたは、棒の先端を鋭く尖らせただけの槍を数本もって、今日も野原へ狩りに出かけた。

ここしばらく雨が続いたので、備蓄していた食料もだいぶ底をつきかけてきた。今日はひとつ大物を狙わなければならないな。そんなことを考えながら歩いていると、ずっと向こうの茂みから大きな鹿が三頭連れ立って、こちらに進んでくるのが目に入った。絶好の獲物だ。草むらにすばやく身をひそめたあなたは、すぐ目の前にまで近づいて来た鹿をめがけて、ヒョウとばかりに最初の槍を投げつけた。槍は狙いたがわず先頭の鹿に命中。驚いて逃げる二頭目の鹿にも、立てつづけに放たれた槍があたった。三頭目には逃げられてしまったが、首尾よく鹿を二頭倒すことができた。今日はなかなかの上出来である。

さあ獲物をもって帰ろう。しかし一人で二頭の鹿をもって帰るのはなかなか大変だ。ここはひとまず一頭だけをかついで帰り、もう一頭の方はしばらくどこかに隠しておいて、あとでまた取りに来ることとしよう。そう考えて周囲を見まわすと、近くに大きな木が三本生えていて、真ん中の木の根元のところに、ものを隠すのにちょうどいい大きさの穴があいていた。あなたはさっそくその穴に鹿を隠し、上を草や木の葉でおおうと、一頭の鹿をかついで、意気揚々と家族が待つ洞窟に引きあげた。

はずむ心で帰ったところ、あいにく洞窟にはだれもいなかった。たぶん家族は木の実の採取にでも出かけたのだろう。せっかく朗報を伝えてやろうと思ったのに、残念なことだ。よし、それではもう一頭の鹿は息子に取りに行かせ、自分は新しい獲物を狙いに、別の野原に出かけることとしよう。息子も身体つきはもう大人なんだから、鹿の一頭くらいはかつげるだろう。そう思って、あなたは息子に対する伝言を書き残そうとした…。

さて、ここで伝言を記録する必要性に迫られたあなたは、いったいどのようにして息子に鹿を取りにやらせるだろうか。もちろん紙も鉛筆も、それどころか文字すらまだない時代のことである。

おそらく多くの人が、三本の木と鹿の絵を地面に指で描くという方法を思いつくだろう。やがて洞窟に帰ってきた息子がその絵を見て、父親が仕留めた鹿を木が三本生えているところに隠しているという事実を読み取り、そして鹿を取りに行ったとすれば、その伝言は見事に効果を発揮したということになる。

情報は如何にして蓄積されるか

以上ははなはだ単純かつ幼稚な原始人物語（物語といえるほどのものでもないが）だが、ここで伝言という形で展開されたのは、ほかでもなく「情報の蓄積」ということであった。

最初に鹿を持ち帰ったときにもし息子が洞窟にいれば、あなたは口頭で鹿の隠し場所を息子に告げ、それを取りに行くように命じただろう。しかし口で話される音声言語は、話し手の目の前か、あるいは声が届く範囲内にいる人に対してしか有効に作用しない。ずっとのちにテープレコーダーが発明されるまで、音声言語はその場にいない人間に対して、情報の伝達に際してはまったく無力だったのである。

しかし人類ははるか昔に、音声言語にたよらずに情報を記録し、それを保存したり他者に伝達することができる方法を見いだした。それにはいくつかの方法があったが、中でももっとも有効な方法が、文字を使っての記録だった。

上の話における「木」と「鹿」の絵は、その原始的な形態を示すものといえるだろう。だが厳密にいうならば、父親が洞窟の中に描いた「木」と「鹿」は文字ではない。この場合の

「木」の絵が意味するのは、父親が鹿を隠した野原に生えている特定の木であって、たとえば洞窟の前やそのほかのところに成育している樹木を意味するものではない。「鹿」の方も、父親が仕留め、そしてまだ持ち帰っていない鹿を指すのであって、それ以外の鹿を指し示すのではない。ここでの「木」と「鹿」は、それただ一つの特定の対象物しか意味しておらず、あらゆる木、あらゆる鹿を意味するものではなかった。すなわち描かれた「木」と「鹿」は、音声言語なら「野原に生えている」とか「自分が仕留めた」というように修飾成分として加えられる要素を、絵の中に包括しているのである。

象形文字の誕生

文字の起源は絵画であると一般に信じられている。そしてその理解は、比較的新しい時代に作られた表音文字などをのぞけば、おおむね正しいといえるだろう。きわめて古い時代には、山があれば、それをあらわす文字として人々は山の絵を描き、水が流れるさまを描いたものを川をあらわす文字とした。

イギリスの言語学者ムーアハウス（A. C. Moorhouse）が戦後まもない一九四六年に著した『文字の歴史』（ねずまさし氏訳、岩波新書、一九五六年）は、世界各地の古代文明で使われた文字での「魚」という字を例として、「ありふれた自然物は、世界の遠くはなれた各地でも、似かよった方法で描かれている」（同書一三頁）と述べ、北米インディアン・中国・エジプト・バビロニアでの「魚」という字を掲げている。

事実このような文字の萌芽期の段階では、世界の文字は非常によく似たものであった。しかしここで確認しておかなければならないのは、絵画はそのままでは決して文字にはなりえない、ということである。絵画として描かれる事物は、原則的に世界中でただそれ一つしか存在しない。だからこそ肖像画というジャンルが成立するのであり、ごくふつうの絵画でも、たとえば渓流を泳ぐ魚の絵は、水槽に飼われている金魚や、マーケットに売られている鯛を描いたものではないし、籠に盛られたリンゴは画家の目の前に（あるいは脳裏）にあるリンゴであって、果物屋の店頭にならべられているものではない。

それに対して文字では、指し示す実体に対しての普遍性が要求される。「魚」という漢字は、わが家の正月の祝い膳を飾った鯛とか、寿司屋の水槽に泳いでいるアジといった特定の魚ではなく、世界中のあらゆる魚類を指し示すことができなければならず、チョウチンアンコウという奇想天外な形をしたサカナも、「魚」という漢字であらわせなければならない。つまり文字とは、絵画として描かれるフォルムに普遍性をあたえたものと定義できるだろう。

「山」をあらわす文字

実際の例をあげよう。

ある人がこれから山登りに出かけるとする。その人が登ろうとする山は、富士山のように左右均等になだらかに広がった山かも知れないし、槍ヶ岳のように頂上が鋭く尖っている山かも知れない。標高が三千メートルを超える高い山であるかも知れないし、たかだか五〇〇メートルくらいの、山というよりは丘とよんだ方が適切なものかも知れない。だからその人がこれから登ろうとする山を絵に描こうと思えば、富士山と槍ヶ岳とでは、あるいは高山と丘程度の低い山とでは、描き方がちがって当然である。

しかしそれが山であるかぎりは、地表から隆起していることはたしかであって、そのことは山をかたどったフォルムで表現することができる。それで「山」というフォルムを見れば、だれでも山という事物を思い浮かべることが可能となる。そしてこの場合、「山」が示しているのは富士山とか阿蘇山といった特定の山ではなく、どの山でもかまわない。ここに文字が成立する場がある。

目に見える実体のある事物をあらわす文字を作ろうとして、その事物のもっとも端的な特徴を抽出し、それを具体的かつ「絵画的」に描いたものを象形文字という。ただしこれはあくまで「絵画的」に描いたものであって、絵画そのものではない。なぜならばそこに呈示されるフォルムは、指し示す実体に対しての普遍性をもつものでなければならないからである。そして普遍性を賦与されるが故に、その描写は必ずしも写実的である必要はない。「山」であらわされる山の峰は、必ずしも三つあるとは限らない。

このように具体的な事物の特徴をうまくつかんだ文字をとくに多く含んでいるのが、漢字である。漢字には象形文字として作られたことを如実に示す字形が多くあって、とくに甲骨文字の字形を見るとそのありさまがよくわかる。「象」と「馬」では長い鼻やたてがみを描き、「牛」や「羊」ではツノの形状を利用し、「虎」や「豹」では体の表面にある模様をシンボライズして描きだしている。同じような象形文字は動物のほかにもたくさんあって、たとえば「日」は黒点のある太陽を、「月」は空に浮かぶ半月を形どったものだし、「木」は樹木が立って枝を張っているさまを、「雨」は空から雨水がしたたり落ちるさまを、「車」は古代の戦車の形を、「女」は手を前に組みあわせて膝を折りまげた人間の姿を、それぞれかたどったものである。

文字の歴史

世界ではじめて文字を使ったのは、古代バビロニアで都市国家を営んだシュメール人であったらしい。メソポタミア南部にあるウルク遺跡第四層という遺跡から発見された計五七〇個の小さな粘土板は、だいたい紀元前三五〇〇～三〇〇〇年のあいだのものと考えられるが、その表面には「古拙文字」とよばれる文字が刻まれていた。これが現在の段階で知られている世界最古の文字で、そこには先に述べた象形文字の性格を濃厚に示す羊や魚、植物、あるいは家屋などの姿が描かれていた。

しかしこの文字は使われはじめてからほどなく、象形性を失いはじめた。この文字を記すのに使われた素材は粘土であり、筆記用具は葦の茎の先端をV字型に尖らせたペンであった。表面がまだ柔らかい粘土の上に、尖った葦の茎で、魚や鳥の形のように曲線が多いフォルムを描くのは、非常に手間がかかって効率が悪い。そこでその形を大幅にデフォルメし、曲線を直線にかえて形を簡単にした結果生まれたのが、いわゆる「楔形文字」である。

また文明の古さではメソポタミアと双璧をなすエジプトでも文字の使用は非常に早く、やはり紀元前三千年前後から文字が使われていたようだ。こちらの方にも非常に多くの象形文字が含まれていることは、広く知られた事実である。エジプトではパピルスの上にゴムを混ぜたインクで文字を書いたから、象形文字を書くのにも粘土板ほどの苦労はなかったようだ。

古代エジプトやメソポタミア地域では、非常に早い時代から高度な文明が展開された。そしてその文明を推進した原動力は、疑いもなく文字であった。古代人は文字を使って神に祈りをささげ、穀物の生産を記録し、そして神話や英雄の物語などを書き残した。しかしこれらの文字は、現在もはやどこにも使われていない。それはこれらの地域が、やがてほかから波及してきた別の文化に侵略あるいは吸収され、それとともに文字の伝承を失ってしまったからである。

世界最長の歴史をもつ漢字

エジプトやメソポタミアからは少し遅れて、東洋でも文字の使用がはじまった。それはもちろん中国においてである。

中国においていつから文字の使用がはじまったか、その正確なことはまだよくわかっていない。もっとも古く考える説では、紀元前四五〇〇年前後と推定される新石器時代の遺跡から発見された、陶器の表面に刻まれた符号を文字と考える立場がある。また先年に報道されたところによると、山東省にある紀元前二二〇〇年前後の遺跡から、確実に文字と思われるものが発見されたともいう。こちらもやはり陶器の表面に刻まれたものであったが、その両者が文字であるかどうかについては、いまのところまだはっきりとした定説がない。

しかし少なくとも紀元前一三〇〇年前後からは、「甲骨文字」という高度に進んだ文字が使用されていたことはまちがいない。甲骨文字はいまの漢字の直接の祖先であるから、これから数えても、中国での漢字の使用は優に三千年を越えることになる。文字の歴史を考える場合、より重要なことは成立年代の早さよりも、むしろ継続して使われた時間の長さである。エジプトやメソポタミアの文字がやがて断絶して「死文字」となったのに対して、中国ではこれまでに文字の断絶を一度も経験したことがない。

漢字はこれまでに三千年以上の歴史を有するが、中国で文明が発生してから現代にいたるまで、漢字はずっと基本的なシステムをかえることなく、継続して使われつづけている。もともとは古代文字のひとつに数えることができるほどに歴史の古い文字でありながら、現在にいたるまでずっと、それも膨大な数の人間によって毎日読み書きされているという文字は、世界広しといえども、漢字だけなのである。

表意文字と表音文字

ところで世界中で使われているさまざまなタイプの文字を大きく分けるならば、つまるところ、表意文字と表音文字という二つのタイプに分類することができるだろう。表意文字とはそれぞれの文字に固有の意味を有するもので、漢字がその代表である。たとえば「公園・公衆・公共・公立・公害」という、漢字で表記される五つの単語がある。この五語にはいずれも一字目に「公」という字があるが、「公」とはもともとそれだけで「みんなのための」という意味をもつ字であり、そしてこの五語に対して「公」という字は「みんなのための」

という共通の意味をあたえている。

一方同じように bat・ball・boy・bag・book という五つの英単語をならべてみよう。こちらもそれぞれの単語の最初に「b」というアルファベットが置かれている。しかし前掲の漢字の例では「公」に共通する意味が想定されたのに対し、「b」では共通する意味が抽出できない。この五語における「b」は、単に口で話す言語の音声をあらわすだけの文字である。

これが表意文字と表音文字のちがいである。もちろんよく知られているように、いまでは表音文字の代表とされるアルファベットも、発生の段階ではそれぞれの文字に固有の意味をもつ、表意文字であった。たとえばAは角が二本ある牛をかたどった象形文字であり、これをはじめて作ったシュメール人は、これを「牛」という意味をあらわす文字として使った。同様にBは家の屋根をかたどった文字で、これも「家」という意味をあらわす文字であった。これらはもともとシュメール語を表記するための表意文字だった。しかしやがてほかの民族がこの文字を借りて自分たちの言語を表記するようになったとき、それぞれの文字がもつ発音だけを使い、意味を切り捨ててしまった。こうしてアルファベットは表音文字への道を歩むこととなったのである。

アルファベットのように、発生の段階では表意文字として作られた文字は数多くある。いやむしろそちらの方が圧倒的に多く、できあがったときからすでに表音文字であった日本のかなや朝鮮語を表記するハングルなどは、どちらかというと少数派なのである。

文字とは本来、それぞれの字に固有の意味が付随するものだった。それがほとんどの場合、さまざまな要因によって文字本来の意味を喪失し、単に発音をあらわすためだけに使われるようになっていった。そしてとうとう、現在の世界で使われているメジャーな文字体系の中で、いまも表意文字として存在しつづけているのは漢字だけとなってしまった。

文字の進化論

文字の研究において、しばしば指摘されるひとつの「進化論」がある。それは、文字とは最初に原始的な絵文字段階があって、それが次に表意文字になり、やがて最終段階としてもっともすぐれた表音文字であるアルファベットに行きつくように発展するべきものである、という考え方である。

先に「魚」の象形文字に関する話で引用したイギリスの言語学者ムーアハウスの著『文字の歴史』は、原題を《Writing and the alphabet》という。これは戦後まもない一九四六年にロンドンで刊行されたもので、日本でねずまさし氏が邦訳（岩波新書）を出したときにタイトルを『文字の歴史』としたのだが、原題をそのまま訳せば「文字とアルファベット」とでもなるはずである。そして事実、この書物が述べているのは、世界各地の古代文明での文字や、あるいはさらに原始的な絵文字からはじまった人類の文字が、さまざまな様相を示しながら発展し、最終的にアルファベットまで「進化」する道筋を明らかにしようとするものであった。

ムーアハウスは「アルファベットこそ、当然、いままでの長い発展の系列からみのった、申し分のない、完全な成果とみなしてよいものである」（ねず氏訳、前掲書二九頁）といい、また文字の進化について「今日のわれわれは、意志疎通のために最初に絵がかかれた時代以来ずっと、世界中あまねく用いられてきた多種多様の文字体系を調査できるという恩典にあずかっている。われわれはまたアルファベットにも通暁している。これこそもちろん自然淘汰によるのではなく、人間の選択による適者生存へすすむ進化の過程とみなしうる最高の成果である」と、まったくの手放しでアルファベットを最高の文字システムと礼讃している。

もし文字が発明され、使われるようになった目的が口頭で話される音声言語の忠実な再現だけであったとすれば、もっとも望ましい形態は必然的に表音文字になるだろう。表音文字は表意文字よりもはるかに少ない文字数で、効率よく、より忠実に言語の音声を再現できるからである。そしてこの論理でいけば、表意文字はまだ完全なる進化を終えていない、過渡期的な形態にすぎず、今後さらに表音文字に向かって進化していかなければならないものとされるだろう。極言するならば、表意文字とはまだ発展途上の遅れたタイプの文字ということとになる。

しかしそれははたして正しい見方なのだろうか。

現代において、文字に期待されているのは必ずしも音声言語の忠実な再現だけではない。音声の再現だけならば、表音文字による表記よりもはるかに便利な機械がいまでは数多く発明されている。現代において文字に期待されるのは、むしろ情報の蓄積という側面であろう。そのことはポスターというメディアが、通常の書きことばよりもはるかに少ない文字数で、効率よく情報を伝達しうることを考えれば、即座に理解できるだろう。

冒頭に述べた単純な原始人物語で、父親が描いた「木」と「鹿」の絵を思い出してほしい。もちろん現代の日本人ならあの場合、木と鹿の絵を描くかわりに、「野原に生えている三本の木の下に鹿を隠している」と、息子へのメッセージを文章で記録することも可能である。しかしその文章を書くのは絵を描くよりもはるかに大きな労力を必要とするし、書くのに時間もかかる。それに文章ならば、その文章があらわす言語を理解できる人に対してしか有効に作用しない。それに対して木と鹿の絵はだれに対しても有効だし、また文章よりもはるかに経済効率が高い。ここに象形文字という名前でよばれる具象的なフォルムが本来的にもつ、情報伝達の効率性と経済性が存在する。

漢字のベクトル

このような観点から古代中国で使われた象形文字の字形を調べていくと、その中に意味明示と情報伝達の面で実に巧妙な工夫がこらされていることがわかる。

たとえば「育」という漢字がある。この甲骨文字での字形は、後世の楷書での字形とは大きくかけ離れているが、字の上半分には両手を前に組みあわせた人間が描かれ、それは甲骨文字の「女」にあたる。そしてその「女」の下半身後部、ちょうど尻にあたるところに、頭と足の位置を逆にした子どもを配置したのが、「育」という漢字なのである。

周知のように、女性が子どもを出産するとき、子どもは頭を下、足を上にした形で産道から外に姿を現す。「育」は女性が子どもを出産する光景を、なまなましいといっていいほど具体的に描写した文字なのである。なお「育」とはもともと「出産する、子どもを産む」ことを意味する漢字であって、そこからやがて「そだてる」という意味が派生した。そしてこの漢字がわれわれのよく知っている楷書で「育」と書かれるようになったのは、女を示す部分が《月》(ニクヅキ)に置き換えられ、要素の配置される位置が上下にかわった結果である。

甲骨文字の「育」という字で注意すべきことは、子どもが頭を下にした形に描かれ、またそれが《女》の下半身後部の位置に配置されていることである。というのは、「育」と同じく《女》と《子》という二つの要素だけでできている文字に「好」があるが、「好」が「育」

とまったく同じ構成要素を使いながら、意味がまったくことなっているからである。「好」は女性が自分の子どもを可愛がることから、広く一般的に「すきこのむ」こと、またそれから転じて「このましい・よい」ことを意味する字となったのだが、さてその字形は《女》と《子》という二つの要素を横に平面的にならべただけである。つまりまったく同じ構成要素でできている「育」と「好」の意味のちがいをもたらしているのは、それぞれの要素が配置される方向と位置だけである。

「好」ではその字を構成する《女》と《子》という二つの要素が本来もっている意味を総合化することによって、文字全体の意味を導きだしているが、「育」では意味を導き出すプロセスに、視覚に訴えるたくみな工夫が加えられていて、「子ども」を意味する《子》が、実際に生まれてくる方向の通りに、またそれが《女》の中で本来存在するべき場所に、的確に配置されている。そしてそのことによって、「子どもを産む」という意味を示すのに成功しているのである。

このように漢字では意味を導き出す過程において、構成要素を配置する方向と位置が、すなわち構成要素があたえられているベクトルが重要なはたらきをし、それが視覚に訴える作用によって、全体の意味が具体的に明示されることがしばしばある。これを私は「漢字に内包されるベクトル」とよぶ。

手の動作に関する文字

漢字の構成要素がもつベクトルが意味提示の面で大きな働きをしていることをさらに明確にするために、次に手の動作に関係する文字の中からいくつか例をあげてみよう。

「共」は何かを両手で捧げ持つことを示す文字で、字の下部にある《廾》は、両手を下から上にあげた形である。だからそれはもともと何かの物を捧げ持ち、祭壇などに物をそなえることを意味する文字だった。しかしのちにこの字が「ともに・一緒に」という意味に使われることが多くなったので、そこで改めて《人》を加えた「供」が作られた。この両手を下から上にあげる動作を示す《廾》は「共」という漢字の中で上向きのベクトルをあたえられていることによって、意味をあらわすプロセスにおいてより詳細に、かつ正確に機能しているのである。この上向きのベクトルをもつ両手が、「具」にも使われている。「具」は《目》という形で示される何かの物体を両手で捧げ持っている形である。《目》の部分が意味するものについては、財産を意味する貝とする説と、祭祀に使う青銅器である鼎とする解釈があるが、いずれにせよ、この字は何かを両手で捧げ持って「具《そな》え」ようとしている形である。

同様の構造が「典」にも見える。「典」の上部にあるのは、紙がなかった時代に文字を書く素材として中国でもっともよく使われた木や竹の札、すなわち木簡や竹簡をならべて紐で綴じたものであり（この形を文字にしたのが「冊」である）、「典」とはそれを両手で捧げ持った形である。ここから「典」は重要な文書、ひいて法律や重要な書籍を指す用語となった。

以上にとりあげた「共」「具」「典」に見える、両手を上に向けた形の《廾》とは反対に、「下を向いた手」を要素として持つ漢字もあって、たとえば「印」や「丞」がそれである。「印」はひざまずいた人間の頭上に、手を下向きにかざした形である。この字はもともと「おさえつける・抑制する」ことを示し、「抑」の右にある部分は本来この形だった。これが少し変化したのが「印」で、またそれにさらに《手》を加えたのが「抑」である。「印」はもともと上から下へ押さえつけることをいう字であり、だからこそ「印章」や「捺印」という意味で使われるようになったのだが、ただしそのような使い方ができたのは、中国で印鑑を使用する習慣が普及しはじめた戦国時代からあとだった。

「丞」は「救助する」という意味の文字で、穴の中に落ちた人に両手を上からさし伸べ、人を上へ引きあげて救いだそうとしている形である。しかしこの字がやがて「丞相」(大臣)という役職を意味する文字となったので、本来の意味を示すために、あらためて《手》を加えた「拯」が作られた。だから「拯」には実は「手」が三本あるという奇妙なことになっている。

「共」や「具」などの一群の文字と、「印」「丞」の文字の字形の中に含まれている《手》を意味する要素は、ともに手の象形文字でありながらも、その方向がどちらを向いているかによって、文字全体の意味が決定される。ここでも要素にあたえられているベクトルが、意味を構築する上で決定的といってもいいほどに重要な作用を果たしていることがわかるだろう。

《手》を構成要素として含む漢字は、このほかにもたくさんある。以下にもう少し、手が配置される位置と方向によって意味が決定される例をあげてみよう。

「受」は、二つの《手》のあいだにおかれた舟を両側から受け渡ししようとしている形で、ここから物を受け渡しする意味に使われるようになった。だから上から伸びる手は下向きに、下側にある手は上向きに描かれている。

「興」は、中央にある台状のものを、前後二人の人間が捧げ持っている形である。この中央の部分については、祭祀に使う酒をいれた壺であるとか、食物を載せた盤（皿）であるとか、いくつかの説がある。しかしいずれにせよ、この字が何かの物を両側から伸びた四本の手で捧げ持っている形であることは確実で、そこから「興」という字は「引き起こす」という意味で使われ、ひいて「盛んになる」とか「起きあがる」という意味を持つようになった。

「興」とよく似た「輿」は、もっとわかりやすい。それは貴人が乗る神輿のような乗り物を、四方から伸びた手で持っている形である。

「取」は人の耳を手に持つ形で、右にある《又》は右手を示す文字である。古代の戦争では、敵の捕虜の耳や首を切り取って戦功を数える習慣があった。「取」はこのように捕虜をつかまえて、切り取った耳を所持することから一般的に「物を手にもつ」という意味で使われるようになった。

足の動作に関する文字

手に関する動作を含む文字と同様に、足の動作をともなう動詞や事象に関する漢字でも、足を示す要素にベクトルがあたえられ、それによって全体の意味をあきらかにするものがある。

足の動作に関する文字のもっともわかりやすい例として、まず「陟」と「降」を見てみよう。

「陟」と「降」の左半分にはコザトヘンがあるが、これは空をただよう神が人間の招きに応じて地上に降りてくるときに使う、目に見えない階段を意味する文字だった。神が地上に降り立つときにもやはりなんらかのルートが必要であり、神は祭りがおこなわれる場所まで、目に見えない階段を利用して、空から地上に降りてくるのである。

この階段に上向きの足跡を配置したのが「陟」で、だからこれは「のぼる」という意味になる。それと反対に、下向きの足跡を階段に配置したのが「降」、つまり「くだる」という意味の字である。またこれは足跡ではないが、この階段から人がまっさかさまに落下していることを示す字があり、これはいまの「墜」にあたる。

ここに見える足跡の形を要素として使った文字は、ほかにもいろいろある。もっとも単純なのは「止」で、これは人の足跡をかたどった文字である。

この「止」を前後二つにならべたのが「歩」で、「歩」は左右の足跡を前後にならべた形から、「あるく」という意味を示すようになった。また「出」も、足跡が囲いの中から外に出ようとしている形を示しており、まさにこれから外に「出よう」としているところである。

また集落を示す四角と人の足跡を示す《止》からできている漢字には、「韋」がある。これは四角の上に、それぞれことなった方向に、すなわち正反対のベクトルをあたえられた足跡があり、そこから「すれちがい・いきちがい」という意味を示していた。これに後述するシンニョウを加えたのが「違」である。

「韋」では二つの足跡が行きちがうだけだったが、この四角の回りをぐるっと巡回するように足跡を配置すれば、それは「衛」の最初の字形となる。古代の青銅器の銘文に使われた字形では、集落の回りをパトロールして、四方を守っているさまをはっきりと示す字形がある。そしてこの《韋》に道が四方に展開していくことを示す《行》を加えたのが「衛」で、だから「衛」は「まもる」という意味で使われるのである。

この《行》の左半分だけを独立させたのが《彳》で、《彳》は「道路」という意味で使われる。その《彳》と、人間の足跡を示す《止》とだけでできている「征」という漢字がある。これは文献にはほとんど見えない漢字だが、もともとは人が道を歩くことを示す文字で、この《止》を《彳》の下に移せば「辵」となる。これがのちに「シンニョウ」となる漢字である。

このシンニョウと、人が立っている姿を描いた《大》を上下さかさまにした形と、足跡を組みあわせれば「逆」になる。「逆」で《大》がさかさまになっているのは、向こうの方からやってくる人をあらわしており、足跡はこちら側からその人を迎えに行くことを示す。だから「逆」とは、向こうからやってくる人を迎えることが本来の意味で、そこから派生して、「相反する方向」という意味をも示すようになった。

ピクトグラムと漢字

最近では日本各地で実に多様な博覧会が開催されるようになった。またいわゆる「テーマパーク」が全国いたるところに設置され、多くの観客を集めている。そのような博覧会場や各種施設などでは、文字を使っての掲示や看板などにかわって、「ピクトグラム」とよばれる非常にビジュアルな標識が使われる。たとえばインフォメーションセンターの所在を示すには「?」という記号が掲げられ、またレストランの場所を示すにはナイフとフォークをならべた記号などが使われる。

このピクトグラム(pictogram)は、意味するものの形をシンボライズして、視覚的に情報を伝達するので、事前の知識がなくてもその意味するところを瞬間的に理解することができる。この点でピクトグラムは瞬間的に情報を読み取る必要のある場所、たとえば高速道路などで使われる標識には最適である。またそれは特定の言語に基づいたものではないから、言語の差異を超越することができる。だからこれは国際空港やオリンピック会場など、さまざまな言語を使う人々が集まる国際的な場においても、きわめて優秀な情報の伝達力を発揮できる。

どこにでも見ることができるピクトグラムの一つに、「非常口」を示すものがある。これはビル火災が続いたことが契機になって、それまでは文字だけで表示されていた非常口の所在を子どもや外国人でも即座にわかる表示形態に改めようとして、(財)日本消防設備安全センターが全国から募集し、自治省が審査して選定したものだという。ちなみにこのときに応募された作品は三千点を超えたとのことで、選ばれたのは小松谷敏文氏がデザインしたものであったとのことである(平凡社『現代デザイン事典』による)。

このピクトグラムに描かれるのは、光が見えている脱出口からいまにも走り出ようとする人間の形象である。そしてこれを見るものは、人間がドアの方向に動こうとするベクトルを瞬間的に看取し、即座にその意味するところを了解する。

ところでこのピクトグラムは、先に述べた「育」や「共」、あるいは「出」「丞」「陟」などという漢字群と、動作の方向を示すベクトルが意味を明示するという点において、基本的にまったく同じ論理構造の上に成り立ったものといえないだろうか。両者のちがいは、ピクトグラムが日本語や英語などの文章の中にまじえて使われないのに対して、漢字は中国語という特定の言語を表記するために使われたということだけである。

漢字は現在から三千年以上も前の時代に、このピクトグラム的思考を文字の中に内包していたのである。漢字は長い歴史の間においても、一度も表音文字化への方向に進まなかったが、しかしだからといって、漢字は決して遅れた文字ではない。それどころかむしろ逆に、情報化社会の到来が叫ばれてすでに久しい現代においてこそ、漢字がもつこのような情報伝達の効率のよさを、あらためて認識する必要があるだろう。

世界最長の歴史を持つ漢字こそ、いまもっとも新しい文字なのである。

漢字はどこへ行くのか

文字と社会の関係

中国は文字の国である。そして日本も非常に早い時代に中国から漢字を受容して、漢字からひらがなやカタカナという表音文字を作りだした。漢字とかなは、当初はそれぞれ使われる場に質的な差異があったが、やがて「漢字かな交じり文」という形式がうまれ、同一の文章の中に表意文字と表音文字ということなった性質の文字を混用する、世界的にもめずらしい方式で、長期にわたって文章を記録し続けてきた。ラテン文字やキリル文字などの表音文字だけを使う西洋の文字文化と比較すれば、中国や日本で文字が歩んできた道筋が、いかに複雑で高度なものであったか、ここにあらためていうまでもないだろう。

しかしそのように高度な文字文化を展開してきた中国や日本においても、文字だけが勝手に一人歩きをしてきたわけではない。文字はいつも社会を構成するひとつのメディアとして存在し、文学や書画などの芸術、あるいは科挙《かきょ》や律令制度という政治・行政のシステムなどとともに、社会全体の総合的な歩みの中で、文化を構成する諸ジャンルとビビッドにからみながら発展し、進化してきた。文字はいつも人間の活動とともにあった。

そのあたり前のことが、しかし文字の研究においては実はそれほどあたり前と認識されていなかった。かつての中国でおこなわれた「小学」（言語文字学）研究の場では、「六書」の方法を駆使して漢字を構造分析し、そこから本義を明らかにする作業が主要な任務の一つであったが、そこで問題にされたのはそれぞれの漢字だけであった。また「漢字の歴史」が、王羲之《おうぎし》や顔真卿《がんしんけい》などによる名品を時代順に列挙するだけで語られることも、いまだにめずらしくない。

もちろんそれらにおける研究の水準は決して低くないし、私とてそれらの著述からいろんなことをたくさん教えていただいている。しかしこのように、漢字だけを独立させた環境の中に閉じこめて考える方法では、文字を書いた人間のなまなましい姿が決して見えてはこない。

不思議な「巻き寿司」

文字とそれをめぐる文化について、いったいどのように考えたらいいのか、その問題について、私は大学における講義の冒頭でいつも、一本の大きな巻き寿司にたとえて説明する。

私は勤務する大学で「中国文字文化論」と題する講義を担当しており、そこでこれまでの中国で、だれが、どんな道具を使って、いかなる素材の上に、どのような文章を書いてきたか、というテーマを中心に学生に語りかけている。この講義はいわゆる「一般教養」的な位置づけで、全学部のいろんな専攻の学生が受講しているので、あまり専門的な内容が語れないという制約をもつのだが、その最初の講義でいつも、私は得意の「巻き寿司論」を披露する。それは次のような話である。

まことに奇妙な比喩であるが、いま中国（東洋）の歴史を一本の長大な巻き寿司であると考えていただきたい。それは途方もなく太くて長いもので、端から端までいったい何メートルあるかわからない。この寿司はこれから先もずっと巻き続けられ、いつまでたっても完成することがない。

巻き寿司だから、もちろん中にさまざまな具が巻きこまれているのだが、しかし奇妙なことに、それぞれの具が最初から最後まで一貫して巻きこまれているとはかぎらない。途中で切れてしまい、そこから先には使われていないという具もあれば、ところによって量が多めに使われていたり、あるいはごく少量になっていたりで、具の分量も場所によってまちまちになっている。さらに末端に近い方にはスモークサーモンやチーズといった、一般の巻き寿司には使われないハイカラな具も使われている。

そんな奇妙な巻き寿司だが、しかしカンピョウはメジャーな具の一つとして、巻き寿司のほとんどの部分に使われている。ほかにも卵焼きや桜デンブ（この二種は関西の巻き寿司では具として使われない）やシイタケ、三つ葉、あるいは高野豆腐（卵焼きなどとは逆に、関東の巻き寿司にはほとんど使われないようだ）などの具が、ときには太く、ときには細くなりながら、カンピョウと同じように、長大な巻き寿司のほとんどの部分に使われている。

巻き寿司は長いままでは食べにくいので、適当なところで包丁を入れる必要がある。世間一般の巻き寿司ならば、どこで包丁を入れても、まるで「金太郎飴」のように、切り口の断面が同じ形に見えるはずだ。しかし私が想定するこの奇妙奇天烈な巻き寿司では、左端から五センチの所と、十センチの所と、十五センチの所で切った場合、それらの断面が同じように見えるはずがない。

どの切り口においても、カンピョウやシイタケ、三つ葉などのメジャーな具が見えていることはほぼまちがいないが、しかしカンピョウならカンピョウが、それ以外の具とどのようにからまりあっているか、カンピョウと卵焼きのどちらが太いか、あるいは二つが隣り合っているのか離れているのかなど、具と具の関係は切り口ごとにことなっているにちがいない。

さてここまで「カンピョウ」とよんできた具を、「文字」ということばに置きかえてみよう。そして同じように「三つ葉」を「経済」と、「シイタケ」を「教育」と読みかえてみよう。ほかにも「音楽」や「軍事」と読みかえられる各種の具がこの巻き寿司には巻きこまれていて、それらが断面ごとにことなった位相で、カンピョウ＝文字とからまりあっている。巻き寿司の終点に近い部分に出てくる「チーズ」はタイプライタを意識しているのであり、「スモークサーモン」は、コンピュータのたとえである。

このように考えてくれば、巻き寿司でたとえた中国の（あるいは東洋の）歴史の流れの中で、それぞれの時代に文字が政治や経済、または芸術や教育といったほかの事象とどのように関係し、存在してきたかを、包丁を入れた時代ごとに見比べることができるのではないだろうか。

これまで中国や日本でおこなわれてきた漢字の研究は、漢字がそれぞれの時代ごとにどのように変化発展してきたか、その歴史的変遷を、書体や芸術的達成度という物差しを使って考察してきたものがほとんどだった。それはいわば漢字の通時代的研究である。しかしこの方法では、漢字を実際に使ってきた人間の姿がほとんど見えてこない。それに対して、私が考える「巻き寿司」論なら、文字とそれを使う人間の関係を、共時代的な次元でとらえていくことができる。それが私の目指す、文字と人間の関係の研究である。

漢字に対する認識

前置きが長くなってしまったが、漢字がこれからどうなっていくか、その展望について私なりの考えを示そうと思う。それにあたって、長々と奇妙な「巻き寿司」論を展開したのは、文字にかかわる文化は、背景にある社会と密接不可分の関係にあることを強調したいからであり、漢字はそれぞれの時代に生きた人間の文化的営為の変化につれて、たえずことなった様相を見せてきた。

文化の発展の中で文字が果たしてきた役割は、たとえようもなく大きい。だが何度もいうように、文字だけが一人歩きをしてきたわけではない。これからの漢字のありうべき姿を考えるためには、まず日本の社会や文化の現状と今後のありようを把握し、その中に漢字を位置づけることからはじめなければならないのである。

先にも述べたように、かっての日本には、漢字は近代日本の進歩をさまたげる諸悪の根源だ、という議論があった。西洋近代文明を吸収するのに邁進していた流れの中で、国字改革と漢字制限が強く推進されてきた背景には、「遅れた文字」である漢字をできるだけ使わず、英語やフランス語のように、日本語もローマ字で書くべきだ、それが無理ならばせめてカタカナかひらがなだけで書くべきだ、という主張があった。もはや戦後は終わった、とさえいわれた昭和三〇年代から四〇年代になっても、「漢字制限論」や「漢字廃止論」はあいかわらずさかんに論じられたし、日本における中国語学研究の権威とされた研究者までもが、漢字廃止論を唱える著書を刊行した。だれもそれを不思議に思わない時代だった。

もともと漢字廃止・制限論の論拠のひとつに、漢字は機械で処理できない、という事実があった。欧米にはタイプライタという道具があって、文書を迅速にかつ美しく作成することができた。しかし漢字かな交じり文の日本語を機械で書くことは不可能で、それでは近代社会の達成はとうてい望めない。だから漢字を使うことを考え直そうという議論が、ビジネス界を中心に真剣におこなわれた。

それがいまや、技術革新と社会の変化によって機械が多数の漢字を扱えるようになるとともに、漢字制限・廃止論の前提はあっさりとくずれさった。近頃では漢字廃止論はもちろん、使える漢字の種類を制限しようとする議論さえほとんど聞かれなくなった。事実、私が大学で接触する学生のほとんどは、漢字を使って日本語を書くことになんの疑問ももっていないし、漢字の数を制限すべきだという議論など一度も聞いたことがないという。

パソコンとワープロソフトを使うと、いともたやすく漢字を書ける。現在は小学校でもコンピュータを使っての授業がおこなわれているから、パソコンで文章を書く人がこれからますます増えていくだろう。

漢字はコンピュータと一蓮托生の関係にあるといっても過言ではない状況が、いまの私たちの眼前に展開されている。機械で書かれる日本語をめぐっては、これまでにも多くの人によって、すでにあちらこちらで論じられてきた。しかしそれはつまるところ、重要なのは、文章とは自分で書くもので機械が書いてくれるものではない、というあたり前の事実に帰結する。自分が使う文字を自由に選べるという、いうならば文字選択の主体性が、コンピュータ時代においても個人ごとにしっかりと確立されることが、いま切に望まれているのである。

あとがき

「漢字ブーム」といわれて、もうずいぶんの時間がたつ。かつて漢字は「時代遅れの非近代的な」文字として、消滅の危機にさえあったけれども、技術者たちの真摯な努力によって情報産業が発達し、パソコンや携帯電話で簡単に漢字が書けるようになったのをきっかけとして、多くの人が気軽に、なんのてらいもなく漢字を使うようになった。

「漢字ブーム」の背景にはそんな事実があるが、実際のブームの中身には、いくつかの顕著な領域がある。うちの一つは例の有名な漢字検定試験で、経営トップが刑事被告人として起訴されたときにはちょっと物議をかもしたが、新体制で再出発してからは、ふたたび多くの人が受検しているようだ。

この試験人気にも連動しているのだろう、出版業界も漢字に熱い視線を注いでいて、字形は似ているが意味がちがう漢字を並べて説明した本がベストセラーになったし、めったに使われない難読語や、古典のなかにほこりをかぶって埋もれていた四字熟語を引っ張り出してきて解説を加えたような「漢字ネタ」書物が巷の書店にあふれている。

もう少し学術的な、漢字の成り立ちを説く書物にも根強い人気がある。とりわけ先年物故された白川静氏の著述は、きわめて高度な学術的内容であるにもかかわらず人気があって、私の周辺には失礼ながら「白川教」と呼んでも不思議ではないほどに熱心なファンもたくさんいる。

そんな検定試験や四字熟語、また漢字の成り立ちといった領域は、学問的分類からいえば文系的な興味と関心に発するものである。しかしいまの漢字ブームのなかでは、完全に理系に属する人のなかにも漢字に大きな関心をよせる人がたくさんいる。それは過去にはまったく見られなかった現象である。実際に、私の高校時代の同級生のなかで理学部や工学部に進んだ友人は、漢字なんかにはまったく興味を示さなかった。それがいまでは、情報科学や電子機器にかかわる研究者やエンジニアを中心に、個人でも興味として漢字に深くハマっている人が少なくない。もちろんコンピュータと漢字との関係がその背景にあるのだが、それにしても、講義のあとで教卓にまでやってきた数学専攻の大学院生から、自分はいま武英殿刊行の『康煕字典』を探しているのだが、先生の部屋にある『康煕字典』はどのエディションですか、といきなり質問されたときには、本当に驚いたものであった。

はるか昔に中国で生まれた漢字は、早い時期に日本にも伝わり、これまでの長い時間にわたって、それぞれの国で独自の発展を遂げてきた。いつの時代においても、中国と日本における漢字文化には、重なっている部分と異なっている部分があった。重なっている部分は東アジア地域の文明を発展させるために機能した部分であり、異なった部分は、それぞれの国の言語と文化的状況に適応するようにと加えられた改良の結果である。本書ではその異なった部分の分析を通じて、日本における漢字のあり方を見つめ直そうと考えた。その試みがどれほど成功したかははなはだ心もとない。読者の叱正をこころより期待する。

二〇〇九年十一月

阿辻　哲次

◆初出一覧◆

現代社会の中の漢字

パソコンと漢字の「ど忘れ」／大修館書店『しにか』二〇〇三年九月号

常用漢字の「二層構造」／（原題：新常用漢字表のあり方について）明治書院『日本語学』二〇〇六年九月・臨時増刊号

現代日本の漢字規格／大谷大学『大谷學報』二〇〇六年十月

名前の漢字をめぐって

人名用漢字追加のこぼれ話／（原題：現代日本の漢字規格）大谷大学『大谷學報』二〇〇六年十月、（原題：子供の名前につけたい漢字）大修館書店『言語』二〇〇五年九月号

人名漢字はいい感じ／テイハン『戸籍』

日本の漢字文化

日本人と漢字の接触／紫明の会『紫明』第十二号、二〇〇三年

奇妙な造語／（原題：「無洗米」と「崇高商品」）同学社『TONGXUE』第六号、一九九三年

電子辞書の漢字／（原題：電子辞書の漢字――「瀆職」と「涜職」）文藝春秋『本の話』二〇〇九年七月

殿様のきまぐれからできた漢字／関西学院大学出版会『理』No.17、二〇〇九年五月蝿い季節／京都新聞 二〇〇三年五月一日

漢字の履歴書／大修館書店『しにか』一九九四年四・七・八月号、（原題：字形の変化と部首）京都新聞 二〇〇二年十月二九日

漢字の特質

漢字は情報カプセル／（原題：情報化時代と漢字）日本タイポグラフィ協会『日本タイポグラフィ年鑑』一九九五年

漢字はどこへ行くのか／大修館書店『しにか』二〇〇四年三月号

[著者紹介]

阿辻哲次（あつじ　てつじ）

1951年、大阪市生まれ。京都大学文学部卒業、同大学大学院博士後期課程修了。現在、京都大学大学院人間・環境学研究科教授。

主要著書に『漢字のいい話』（大修館書店）、『漢字の知恵』（筑摩書房）、『部首のはなし』（中央公論新社）、『漢字を楽しむ』（講談社）、『漢字の相談室』（文藝春秋）などがある。

漢字《かんじ》と日本人《にほんじん》の暮《く》らし

NDC811／v, 168p／19cm

初版第１刷――2010年３月１日

著者――阿辻哲次《あつじてつじ》

発行者――鈴木一行

発行所――株式会社大修館書店

〒101-8466　東京都千代田区神田錦町3-24

電話03-3295-6231（販売部）03-3294-2352（編集部）

振替00190-7-40504

［出版情報］http://www.taishukan.co.jp

装丁者――井之上聖子

印刷所――倉敷印刷株式会社

製本所――司製本

ISBN978-4-469-23259-2　Printed in Japan